翻转课堂、微课与慕课实操指导

主编◎◎ 武香芹 汤海军

副主编◎ 邢聪 杜昊林 王俊鹏

天津出版传媒集团

天津教育出版社

TIANJIN EDUCATION PRESS

图书在版编目（CIP）数据

翻转课堂、微课与慕课实操指导 / 武香芹，汤海军
主编.-- 天津：天津教育出版社，2019.1
（卓越教师的关键能力与素养）
ISBN 978-7-5309-8233-4

Ⅰ.①翻… Ⅱ.①武…②汤… Ⅲ.①课堂教学－教
学研究－中小学 Ⅳ.①G424.21

中国版本图书馆 CIP 数据核字（2018）第298911号

翻转课堂、微课与慕课实操指导

出 版 人	黄 沛
主 编	武香芹 汤海军
选题策划	杨再鹏 王俊杰
责任编辑	姚抒红 张 颖
装帧设计	郝亚娟
出版发行	天津出版传媒集团 天津教育出版社 天津市和平区西康路 35 号 邮政编码：300051 http://www.tjeph.com.cn
经 销	全国新华书店
印 刷	嘉业印刷（天津）有限公司
版 次	2020 年 1 月第 1 版第 2 次印刷
规 格	16 开（710 毫米×960 毫米）
字 数	200 千字
印 张	11
定 价	42.00 元

前　言

"互联网＋"模式下的教育创新

一所学校、一位老师、一间教室，这是传统教育。一个网络、一个移动终端，几百万学生，学校任你挑、老师由你选，这就是"互联网＋教育"。

"互联网＋"带给教育最大的变化是学习形态的变化，只要有技术终端随时随地都可以实现，比如翻转课堂引领下的幕课、微课、智慧课堂等。这种学习形态已经解决了偏远地区优质教育资源不足的问题。

"互联网＋"会使未来的学校教育更加注意以学生的成长为核心，未来学校的形态会变得更加开放，未来学校的学习方式更加强调体验性、群体性、技术支持性、趣味性以及个性化学习，未来学校的组织形态会变得更加扁平化、平等及自治，等等。

"互联网＋"会让教师有更多的辐射作用，如现在所谓的双师教学，以及未来的教师能够与人工智能共存。在未来学校的教学中，AI 教师会跟我们的教师并行。

在"互联网＋"教育背景下，个性化学习，社会参与必不可少。学生要实现个性化学习，不一定所有内容都在校内来完成，交互性、社会参与性很重要，这影响的不仅仅是空间形式的变化，最关键的是学习方式的变化。

"互联网＋"时代的课堂教学方式有很多种，如翻转课堂及其引领下的微课、慕课、混合式学习、可汗学院与电子书包、微课程、快课、创客教育等。如果用一个词总结这种学习模式的最大特点，那就是"互动"。在这种学习模式下，所有的过程都被记录下来，然后利用大数据分析技术，对这些数据进行深入分析，这有助于给学生个性化的学习支持。

翻转课堂译自 "Flipped Classroom" 或 "Inverted Classroom"，是指重新调整课堂内外的时间，将学习的决定权从教师转移给学生。翻转课堂模式与混合式学习、探究性学习，其他教学方法和工具在含义上有所重叠，都是为了让学生的学习更加灵活、主动，参与度更强。

翻转课堂不仅创新了教学方式，而且翻转了传统的教学结构、教学方式和教学模式，建立起比较彻底的"以学生为中心"的教学方式。教师则上升为学生学习的组织者、帮助者和指导者。那么，翻转课堂到底"翻转"了什么？它翻转了课堂背后的教学理念，翻转了教材至上的观念，翻转了备课流程，翻转了教学方式，翻转了学习方式，翻转了学习过程技术的应用，翻转了课堂的组织形式，翻转了评价方式，等等。

微课是指以视频为主要载体，记录教师在课堂教育教学过程中围绕某个知识点或教学环节而开展的精彩的教与学活动的全过程。微课以一定的组织关系和呈现方式共同"营造"了一个半结构化、主题式的资源单元应用"小环境"。微课既有别于传统单一资源类型的教学课例、教学课件、教学设计、教学反思等教学资源，又是在其基础上继承和发展起来的一种新型教学资源。"互联网＋"时代，微课具有非常广阔的教育应用前景。可以说，"小"微课翻转了"大"课堂。

慕课，是新近涌现出来的一种在线课程开发模式，它是基于发布资源、学习管理系统将更多的开放网络资源综合起来的新的课程开发模式。慕课背景下的"翻转课堂"是一种教育思路、教育指导方法，"慕课"就是这种教育思想的产物，或者说是"翻转课堂"教育思想的一种实践。

翻转课堂、微课与慕课的出现，不仅不会取代传统教育，而且会让传统教育焕发出新的活力，会助力以学生为核心的个性化教学，引起学生学习方式的革命性变化。学生可以选择微学习、小组合作学习、自主学习、先学后教、异步学习、网络学习、社区学习、差异化教学、探究性学习等多种学习方式。这就使得学生的学习场所、学习方式不再局限于传统的教室、图书馆，满足了学生自主学习的需求，提高了学生的学习效率，促进了学生的全面发展。

全书由五个专题构成：专题一，翻转课堂与微课、慕课，从六个方面对翻转课堂与微课、慕课及其它们的发展历程做了一个比较全面的介绍；专题二，翻转课堂"翻转"了什么，主要围绕翻转课堂对教育理念的影响做了八个方面的分析，翻转课堂翻转了课堂背后的教学理念、教材至上的观念、备课流程、教学方式、学习方式、学习过程技术的应用、课堂的组织形式、评价方式等等；专题三，"小"微课翻转"大"课堂，以"翻转课堂"这一教育思路、教育指导方法引领下的微课为核心，介绍了微课的有关知识及在教学中的实际操作应用指导；专题四，慕课背景下的翻转课堂，主要以"翻转课堂"这一教育思路、教育指导方法引领下的慕课为核心，介绍了慕课的有关知识及在教学中的实际操作应用指导；专题五，翻转课堂、微课与慕课助力个性化教学，主要介绍了翻转课堂、微课与慕课带来的影响，助力以学生为核心的个性化教学，引起了学生学习方式的革命性变化。

目 录

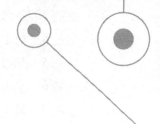

专题一　翻转课堂与微课、慕课

　　翻转课堂是指重新调整课堂内外的时间，将学习的决定权由教师转移给学生。微课和慕课背景下的"翻转课堂"就是一种教育思路、教育指导方法。微课和慕课就是这种教育思想的产物，或者说是"翻转课堂"教育思想的一种实践。

专题二　翻转课堂"翻转"了什么

　　翻转课堂不仅创新了教学方式，而且翻转了传统的教学结构、教学方式和教学模式，建立起比较彻底的"以学生为中心"的教学方式。教师则上升为组织者、帮助者和指导者。翻转课堂不仅翻转了课堂背后的教学理念，还翻转了教材至上的观念，翻转了备课流程，翻转了教学方式，翻转了学习方式，翻转了学习过程技术的应用，翻转了课堂的组织形式，翻转了评价方式，等等。

专题三　"小"微课翻转"大"课堂

微课教学是课堂教学的一种新形式，能给学生一个自主发挥的平台，可以使教学中存在的问题重复复习，便于教师的教和学生的学，微课内容可随时查阅和修正，能进一步提升教师的专业水平。总之，"小"微课翻转了"大"课堂。

专题四　慕课背景下的翻转课堂

慕课是大规模的网络开放课程，它是为了增强知识传播而由具有分享和协作精神的个人组织发布的、散布于互联网上的开放课程。慕课与翻转课堂紧密相连，慕课的出现使得翻转课堂中的微视频内容更加广泛和深刻，也完善了翻转课堂的教育环节，两者将共同推进学习型社会的形成与发展。

专题五　翻转课堂、微课与慕课助力个性化教学

翻转课堂、微课与慕课的出现，不仅不会取代传统教育，而且会让传统教育焕发出新的活力，会助力以学生为核心的个性化教学，引起学生学习方式的革命性变化。学生可以选择微学习、小组合作学习、自主学习、先学后教、异步学习、网络学习、社区学习、差异化教学、探究性学习等多种学习方式。既满足了学生自主学习的需求，提高了学生的学习效率，又促进了学生的全面发展。

专题一

翻转课堂与微课、慕课

翻转课堂是指重新调整课堂内外的时间，将学习的决定权由教师转移给学生。微课和慕课背景下的"翻转课堂"就是一种教育思路、教育指导方法。微课和慕课就是这种教育思想的产物，或者说是"翻转课堂"教育思想的一种实践。

主题1 翻转课堂、微课、慕课概述

翻转课堂、微课和慕课，这些新概念近几年都耳熟能详。到底什么是翻转课堂、微课和慕课？各有什么特点？这三者有什么区别呢？

一、什么是翻转课堂

1.含义解读

翻转课堂译自"Flipped Classroom"或"Inverted Classroom"，也可译为"颠倒课堂"，是指重新调整课堂内外的时间，将学习的决定权由教师转移给学生。

与传统课堂不同的是，学生要在家完成知识的学习，而课堂变成教师与学生之间、学生与学生之间互动的场所，包括答疑解惑、知识的运用等，从而达到更好的教学效果。

2."翻转课堂"的特点

（1）教学视频短小精悍。

大多数的视频都只有几分钟的时间，较长的视频也只有十几分钟。每一个视频都针对一个特定的问题，有较强的针对性，查找起来也比较方便；视频的长度控制在学生注意力较集中的时间范围内，符合学生身心发展特征；通过网络发布的视频，具有暂停、回放等多种功能，可以自我控制，有利于学生的自主学习。

（2）教学信息清晰明确。

视频中出现的教师的头像，以及教室里的各种物品摆设，特别是在学生自主学习的情况下，都会分散学生的注意力，而"翻转课堂"的教学视频解决了这一问题。萨尔曼·可汗的教学视频有一个显著特点，就是在视频中唯一能够看到的就是他的手，不断地书写一些数学符号，并缓慢地填满整个屏幕。除此之外，就是配合书写进行讲解的画外音。用萨尔曼·可汗自己的话语来说："这种方式，它似乎并不像我站在讲台上为你讲课，它让人感到贴心，就像我们同坐在一张桌子面前，一起学习，并把内容写在一张纸上。"这是"翻转课堂"的教学视频与传统教学录像的不同之处。

（3）重新建构学习流程。

通常情况下，学生的学习过程由两个阶段组成：第一阶段是"信息传递"，是通过教师和学生、学生和学生之间的互动来实现的；第二阶段是"吸收内化"，是在课后由学生自己来完成的。由于缺少教师的支持和同伴的帮助，"吸收内化"阶段常常会让学生感到挫败，丧失学习的动机和成就感。

"翻转课堂"对学生的学习流程进行了重构。"信息传递"是学生在课前进行的，教师不仅可以提供视频，还可以提供在线的辅导；"吸收内化"是在课堂上通过互动来完成的，教师能够提前了解学生的学习困难，在课堂上给予有效的辅导，同学之间的相互交流更有助于促进学生知识的吸收内化过程。

（4）复习检测方便快捷。

学生在观看了教学视频之后，是否理解了学习的内容，视频后面紧跟着的四到五个小问题，可以帮助学生及时进行检测，并对自己的学习情况做出判断。如果发现几个问题回答得不好，学生可以回过头来再看一遍，仔细思考哪些地方出了问题。学生对问题的回答情况，能够及时地通过云平台进行汇总处理，帮助教师了解学生的学习状况。教学视频另外一个优点就是便于学生一段时间学习之后的复习和巩固。评价技术的跟进，使得教师可以通过学生学习的相关记录真正了解学生。

二、什么是微课

1. 含义解读

微课是指按照新课程标准及教学实践要求，以视频为主要载体，记录教师在课堂内外教育教学过程中围绕某个知识点（重点、难点、疑点）或教学环节而开展的精彩的教与学活动的全过程。

一般情况下，微课只讲授一两个知识点，没有复杂的课程体系，也没有众多的教学目标与教学对象，只针对特定的目标人群、传递特定的知识内容，看似没有系统性和全面性，许多人称之为"碎片化"。

2. 微课的十大特征

（1）教师讲授性。教师可以出镜，可以有话外音。

（2）主流媒体播放性。可以视频、动画等基于网络流媒体播放。

（3）教学时间较短。5～10分钟为宜，最少的1～2分钟，最长不宜超过20分钟。

（4）教学内容较少。突出某个学科知识点或技能点。

（5）资源容量较小。适用于基于移动设备的移动学习。

（6）精致教学设计。完全的、精心的信息化教学设计。

（7）经典示范案例。真实的、具体的、典型案例化的教与学情境。

（8）自主学习为主。供学习者自主学习的课程，是一对一的学习。

（9）制作简便实用。多种途径和设备制作，以实用为宗旨。

（10）配套相关材料。微课需要配套相关的练习、资源及评价方法。

3. 微课的分类

从分类来讲，一节微课一般只对应某一种微课类型，但也可以同时由两种或两种以上的微课类型组合（如提问讲授类、合作探究类等）。其分类不是唯一的，应该保留一定的开放性。

同时，由于现代教育教学理论不断发展，教学方法和手段不断创新，微课类型也不是一成不变的，需要教师在教学实践中不断发展和完善。

按课堂教学主要环节（进程），微课可分为课前复习类、新课导入类、知识理解类、练习巩固类、小结拓展类。其他与教育教学相关的微课类型有：说课类、班会课类、实践课类、活动类等。

三、什么是慕课

1. 含义解读

慕课即大型开放式网络课程，即 MOOC（Massive Open Online Courses），字面解释的含义就是："M"代表 Massive（大规模），与传统课程只有几十个或几百个学生不同，一门 MOOC 课程动辄上万人；第二个字母"O"代表 Open（开放），以兴趣为导向，凡是想学习的，都可以进来学，不分国籍，只需一个邮箱，就可注册参与；第三个字母"O"代表 Online（在线），学习在网上完成，不受时空限制；第四个字母"C"代表 Course，就是课程的意思。

MOOC 是以连通主义理论和网络化学习的开放教学为基础的。这些课程跟传统的大学课程一样循序渐进地让学生从初学者成长为高级人才。

课程的范围不仅覆盖了广泛的理工学科，比如数学、统计学、计算机科学和工程学，也包括了自然科学、社会科学和人文科学。慕课课程并不提供学分，也不算在本科或研究生学位里。通常，参与慕课的学习是免费的。然而，如果学习者试图获得某种认证的话，一些大规模网络开放课程则可能收取一定的学费。

2. 慕课的主要特点

（1）规模大。不是个人发布的一两门课程，而是大型的或者大规模的课程，才是典型的 MOOC。

（2）开放课程。尊崇"创作知识共享协议"（简称 CC），只有当课程是开放的，它才可以称之为 MOOC。

（3）网络课程。不是面对面的课程，而是这些课程材料散布于互联网上。人们上课地点不受局限，无论你身在何处，只需要一个移动终端和网络连接即可。

主题 2　开放课件与开放教育资源

当前，倡导教育资源共享，开放教育资源运动发展迅速，并已成为一种世界性的潮流。开放课件（Open Course Ware）简称 OCW，是高校开放教育资源的一大组成部分，是指高校遵从某种开放协议所提供的开放的、可供全世界人免费共享的课程资源。在这场轰轰烈烈的开放教育资源运动中，全球许多高校参与其中，并结合其具体背景进行了很多创新。

一、开放课件

1. 开放课件的先行者

免费将教学资源大量上传至互联网，在我们看来不可思议，可在美国麻省理工学院，却成为"时尚"。教师们纷纷推出各自的"开放课件"计划，争相将教学课件上传至互联网，世界上无论哪个角落的任何一个人，只要有移动终端，无须注册就可进入学校的专门网站下载和学习。

作为全球顶尖名校，麻省理工学院在线"开放课件"并非一开始就得到认同。据说在 2003 年，从上海赴美的麻省理工学院副院长的俞久平教授提出向全世界公布教学课件建议时，就有不少人担心，如果课件内容全部公开，会不会影响书的销量？当时，美国名校通行的做法是学生上课先签保密协议——保证上课笔记不外传；即使当". Com"（网络商业机构）盛行之时，很多高校也没想做". Edu"（网络教育机构）。

俞久平说服学校领导和多数教师，靠啥？理由有三条：IT 时代，学校不能把自己看作商业组织，只看到学校知识的商业价值，总想着怎么拿去卖，否则适得其反；对麻省理工学院而言，第一是领导力，第二是影响力，第三是优秀度，"开放课件"的创意无疑会给三方面都带来加分；如果教师个人课件确实很好，慕名买书的人只会更多而不会减少。

2.开放课件的影响

后来的事实，印证了这一建议的正确性。

（1）"开放课件"引来全球200多个国家数亿次的网站点击，月点击率超过100万，全球数百所高校也纷纷参与进来。

（2）由于做得出色，网上课件项目得到基金会的青睐，3500万美元的成本，学校仅付出约500万美元，只占全部成本的七分之一。而那些走".Com"道路的高校，却没有一个成功。

（3）开放课件既增强了教师的自信，也对教师形成了激励，教师们努力让自己的课件做得更出色，争相让全世界知道"我是最好的"。

麻省理工学院以一个惊人的创举，提升了自己的领导力、影响力和优秀度，把自己推向一个高峰。难怪，包括美国普林斯顿大学、约翰·霍普金斯大学和塔夫茨大学在内的全球100多所高校，如今都纷纷调头，"借鉴"麻省理工学院的".Edu"路线。

3.开放课件的启示

尽管有充分的理由认为，中国不具有美国高校那样的学术生态环境，开放课件的条件尚不完全具备，但是，从麻省理工学院的在线"开放课件"我们看到了差距，也获得了一些启示。

（1）教育机构必须找准自己的定位。

教育姓"教"不姓"商"。面对市场化和功利主义的冲击，教育机构应有自己独立的价值判断，不应以流俗的价值标准取代自身的精神价值追求，变成一个名利场，过分追逐商业利益，将自己异化为商业机构，失去本有的价值，这是麻省理工学院在线"开放课件"给我们的第一个启示。

（2）顺时应势才能争得发展的主动。

互联网的本质是沟通，"促进信息沟通，使得信息交流和获取的效率更高、成本更低"（马化腾语）；也是分享，"唯有分享才可能把资源都聚拢在一起，而唯有资源聚拢在一起，才可能降低沟通和交易的成本"（马云语）。在"数字化生存"时代，没有信息的大量流通和利用就没有创新，唯顺应大势用好互联网，促使教师提高素养，教育才能创新，才能更大程度实现自身价值。这是麻省理工学院"开放课件"给我们的第二个启示。

（3）密切与社会联系是立校之本。

教育是社会的重要组成部分，教育问题实质上就是社会问题。知识经济时代，大学正逐步从社会边缘走入社会中心，社会借大学的科技和人才获得提升和发展的动力，大学因与社会的多层面融合而获得更大的发展空间，学校与社会的密切联系和良性互动成为营造良好学术生态环境的关键。"终身教育"理念的广泛传播，使得学校教育与非学校教育相互衔接和协调更紧密。通过在线"开放课件"，与社会形成互动，实现双赢，这是麻省理工学院给我们的又一个启示。

二、开放教育资源

1. 什么是开放教育资源

开放教育资源（Open Educational Resources，简称OER），是指那些基于非商业性目的，通过信息通信技术向有关对象提供的，可被自由查阅、参考或应用的各种开放性教育类资源。这些开放式教育资源可通过互联网免费获得，主要用于教育机构中教师的课程教学，但也可用于学生的学习。开放教育资源的核心是内容，实现内容的高度共享是"开放"理念的精髓。

开放教育资源（OER）的概念是在2002年的联合国教科文组织会议上举行专题论坛，决定将开放条件发展到开放教育资源，2006年联合国教科文组织将OER定义为：基于网络的数字化素材，人们在教育、学习和研究中可以自由、开放地使用和重用这些素材（Joyce，2006）。经济合作与发展组织在此基础上，进一步明确了OER的目标人群，即教育者、学生和自学者（OECD，2007），形成了目前被广泛采用的定义。

2. 开放教育资源的内涵

开放教育资源的"开放"内涵主要包括两方面：

（1）资源可自由获取、使用和重用。

人们可自由贡献（新增或修改）和共享资源，即人们可以突破个人能力、地理因素，自由使用、修改和共享资源。

（2）尽量减少使用资源的约束，包括技术、社会和价格障碍。

目前技术领域的约束（如缺乏操作性、缺乏标准技术规范）将限制其开放性；另外，某些技术措施也限制了用户的使用，如学习管理系统必须登录后才能访问学习资源，使得外部用户的使用受到限制。社会领域的约束可能来自组织机构或经济方面，如版权和价格都将限制用户对资源的访问；也可能来自与研究和学习有关的道德标准，如出于隐私原因限制对资源访问等。

3. 优秀的开放教育资源

（1）麻省理工学院开放式课件（MIT Open Course Ware）。

麻省理工学院的开放式课件（MIT Open Course Ware）是全世界的教师、学生和自学者不可多得的一个免费、开放的教育资源。它秉承了麻省理工学院推进知识和教育，在 21 世纪服务于全人类的使命，也符合了麻省理工学院追求卓越、创新和领先的价值理念。

Google 学术搜索是一项免费的服务，它可以快速寻找学术资料，如专家评审文献、论文、书籍、预印本、摘要以及技术报告。

（2）中国开放教育资源协会（CORE）。

中国开放教育资源协会（China Open Resources for Education），简称 CORE，是成立于 2003 年 10 月的非营利机构，一个以部分中国大学及全国省级广播电视大学为成员的联合体。CORE 旨在促进国际教育资源共享，提高教育质量，为中外学习者提供高质量、免费的教育资源，同时提供许多国外优秀开放教育资源的链接。

（3）全球开放教育资源共享网（OER Commons）。

它是开放教育资源的门户站点，已经收入了上万条开放教育资源链接。

（4）约翰·霍普金斯大学公共卫生学院开放课件（JSHPH OCW）。

它对全世界的教育家、学生和自学者提供免费、可搜索的约翰·霍普金斯大学公共卫生学院课程资料。

（5）塔夫茨大学开放课件（Tufts OCW）。

作为"开放课程"计划的成员，Tufts OCW 为学习者提供一个免费的线上学习资源。它提供的课程着重在本校专长的生命科学、跨领域方法、国际观点，以及对地区性、全国性与国际性社群服务的基础理论。

（6）犹他州立大学开放课件（USU OCW）。

它提供该校人类学、生物与灌溉工程、土木与环境工程、经济学、电机工程与资讯科学、英语、家庭消费者和人力发展、历史学、教学技术、语言哲学与口语传播、戏剧、山林野生生物科学等学科的开放教育资源。其中文（繁体）站点资料由"OOPS，开放式课程计划"译为中文。

（7）日本开放课件（Japan OCW）（英文）。

日本大阪大学、京都大学、东京大学、早稻田大学等七所大学的开放教育资源。

（8）中国台湾交通大学开放教育资源（中文繁体）。

中国台湾交通大学的开放教育资源，包括基础科学领域课程、系所核心课程与通识人文领域相关课程。

（9）关于开放教育资源的 Wiki 站点（英文）。

联合国教科文组织支持的一个 Wiki 站点，提供了很好的资源导向和相关讨论。

主题3　混合式学习与翻转课堂

一、混合式学习

1. 混合式学习的含义

混合式学习（Blended Learning）是指在学习过程中，将面授学习（Face - to - face Learning）与在线学习（Online Learning）相融合，以达到有效学习的一种学习模式。

2. 怎样开展混合式学习

目前国内很多学校都在提倡混合式学习，那到底怎样开展混合式学习呢？

（1）第一步：分析受众。

其一，教授的学生在哪里？如果他们分散在不同的地方，可能更多的需要依靠网络教学，使用在线会议或在线讨论组实现实时互动。

其二，有多少学生？人数越多就越需要分解成小组或一对一活动，以保证每个人都能参与其中，不掉队。

其三，学生的技术水平如何？他们习惯在线沟通与协作吗？如果不，可以设置类似游戏的破冰模块，让其能够快速熟络起来。

（2）第二步：分析教学内容。

其一，想让学生知道什么？如果学生在面授前或在学习的不同节点需要学习一些背景知识，最好把这些信息放到网上。学生可以通过浏览文章、视频，参与互动式情景模拟，或自己找出例证，这些方式获得见面活动时所需的背景知识。

其二，想让学生做什么？在教室或工作场地进行小组活动，例如讨论、头脑风暴或动手操作，可以帮助学生培养多种技能。将学生拆解，在同事之间或是由教师引导，可以进行教练辅导，获得反馈。

其三，想让学生展示什么？学生如何能够证明他们已经掌握了学习内容并运用于工作中？要进行小组测试还是个人测试，还是两者都进行？在培训的不同节点进行在线测试，是捕捉各基准点和记录进展的好方法。

（3）第三步：让教学与学习者相关。

混合式学习的每个部分都应当引导学生达成目标，提供可直接运用于他们学习、工作的技能和知识。从另一个角度来说，就是让教学与学生原有的知识体系建立一定的联系。

（4）第四步：平衡自主时间、一对一时间及小组时间。

最好的教学是让学生有机会消化和反思所学内容，并有时间跟他人一起讨论、辩论，产生新的想法和综合效应。各种模式不断切换，可以使学生保持学习的新鲜感和对学生产生吸引力。

（5）第五步：正式学习与非正式学习相结合。

正式学习是由测试和基准点衡量的学习。非正式学习包括组建团队、一起考虑新方法、对现有知识的创新运用等，要找到方法进行测试和跟踪各种类型的学习情况。

（6）第六步：发挥各种媒体的优势。

网上学习或面授学习哪种更适合？它取决于教学内容、学生的技术技能、学生时间以及种种变量。其关键在于，开展课程的教师应当考虑所有方面，并权衡是通过网上还是通过面授，才能更好地完成任务。

（7）第七步：考虑多种策略。

策略一，角色扮演。

策略二，案例研究/情景模拟。

策略三，概念图/思维导图。

策略四，同事评估。

策略五，解决问题。

策略六，头脑风暴。

策略七，辩论。

策略八，反思。

（8）第八步：借鉴以往优秀混合式教学的经验。

开展混合式学习课程需要的是集体的智慧。如果教师是一个混合式学习的新人，那么借助"过来人"的经验，会对成功开展混合式教学大有帮助。

任何一个新生事物的产生、发展和成熟都有一个过程，混合式学习也不例外。目前国内外有大量研究混合式学习的专家学者，他们将会对基础教育产生翻天覆地的变革，催生并提高裂变式教育效能，让我们一起在践行中体悟吧。

二、翻转课堂

近些年，翻转课堂成为教育界热议的话题，很多基于新技术的新学习模式接踵而来，如网上出现了大量微课程，有学校层面的行为，有教师的个人行为，更有许多企业积极推动，这也许意味着基础教育课堂将会进行一场重大的革命。但是翻转课堂只是提供了一种新的学习渠道，用大量的视频让学生先学习，并不能从根本上实现基础教育课堂教学的转型目标。

1. 翻转课堂首先是一种教学的流程再造

过去以教师课堂讲授为主，以学生课后做作业为辅的教学形态，将要向"先学后教""少教多学"等方向演变。这是一个系统性的变革，不是简单的学习前置。新技术介入教学流程中，必然会出现新的学习增值点，也会暴露出很多新的矛盾。技术介入让我们开始反思目前我们引以为傲的学科类别和结构是不是到了需要调整的时候；反思未来社会需要怎样的基础知识和基础能力；反思设计怎样的课程架构才能让学生形成核心发展能力。只有新的教学流程和新的教学内容逐步清晰的时候，才真正标志着翻转课堂的开始。

2. 翻转课堂最大的特征是能记录、分析学习过程中产生的大量学习行为数据

如果只有微视频资源而没有数据留痕和数据分析，那么肯定不是翻转课堂。从这个角度看，翻转课堂就是指从过去教与学完全依赖经验走向数据实证。学习过程就是数据产生的过程，在数据分析的基础上，及时发现教与学之间多因素的相关性，并个性化地提供学习支持。实际上，学习过程中容易产生大量的数据，关键是教师愿不愿收集和分析。就整个技术的走向来看，学习领域将越来越走向免费和低技术化。目前，智能手机的很多应用，实际上就能支撑多种学习数据的采集和分析，并且非常容易上手。

3. 翻转课堂是一个生命过程，而不是一个物理过程

之所以称之为生命过程，是因为翻转课堂充分实现了教师和学生两方面的人的价值，这种翻转像生命体的生成过程，而不是机械的建设过程。作一个隐喻：黑猩猩的基因组与人类的相似度则高达99%，但这1%的基因差别，使人类和黑猩猩出现了这么大的差别。翻转课堂显然不是要改变目前99%的课堂，而是改变这产生巨大作用的1%——赋予教育灵魂，让学生的学习变得更有意义。

从目前实践情况来看，有三种可能性：一是发现不同学生的学习特点，提供更有针对性的个性化学习支撑，让每一个学生保持学习热情，真正实现因材施教；二是拓宽学生学习的视界，为学生的创造性学习提供工具和平台，使学生从知识的消费者转化为知识的生产者；三是技术灵活多样的表达手段，能极大地丰富学生的感官体验，使其在学习过程中收获愉悦。

4. 翻转课堂的价值不在于学习时间、空间上的翻转，而在于学习目的的翻转

翻转课堂的价值不在于学习时间上的翻转，也不在于学习空间上的翻转，而在于学习目的的翻转，这是特别需要着重强调的。在基础教育阶段，如果希望用MOOC等来提高学生的学习成绩，那么在大量投入以后，最终收获的将是意义极其有限的一堆微课程；如果明白技术能够激发学生的学习潜力，并在学习意义上面下工夫，那么不大的投入，也会造就一群富有学习兴趣和探究能力的学生。

主题4　可汗学院与电子书包

"可汗学院"与电子书包的成功，对当前的教育体系是一种挑战。

一、可汗学院

1. "可汗学院"的创立

2004年，萨尔曼·可汗远程辅导亲戚家的小孩学习数学。为了帮助更多的人，他开始录制教学视频并放到You Tube上供需要的人免费观看和学习。接下来他又为孩子们编写了互动练习软件，加强他们的数学训练。后来可汗把教学视频和互动练习软件进行了整合，创建了免费的网站。他上传视频讲解不同科目的内容，并解答网友提出的问题。同时，提供在线练习、自我评估及进度跟踪等学习工具。最后可汗干脆将原有收入不菲的工作辞掉，成立了一个非营利性机构"可汗学院"，全身心投入到在线教育中。

可汗的事业得到了越来越多来自个人和社会的认可，其规模也越来越大。从2006年起，"可汗学院"好几年中只有可汗一位教师，而现在已有32位教师加盟，还有一支庞大的志愿者队伍。视频教程的领域也在不断扩大，从数学的基础核心课程——算术、几何、代数、微积分，到物理、生物、化学、医学、艺术、金融、历史等，内容非常广泛。可汗正在拓展更多领域的教学视频，比如会计、信贷危机、SAT和GMAT考试等。截至2012年7月，视频教程被点击数已超过1.6亿次，全球特定用户超过500万人。

2. 正确认识"可汗学院"

根据YouTube网站的统计，可汗的课程比他母校麻省理工学院制作的免费网上课程还受欢迎。许多大学的网上课程，不过是把教授上课的过程摄制下来，强调的是"教"；而可汗的教学视频，则突出"学"的过程。有媒体指出，"可汗模式"让人们对高等教育的许多"不二真理"产生了质疑——是不是只有专家才是最好的老师？每节课是不是一小时左右最合适……现在的美国教育中，也有视频教学课，但是效果一直不佳，学生一人对着一台电脑，与老师的交流也有限。如今，美国加利福尼亚州的两个学校已在五年级和七年级试用"可汗学院"的教学视频。学生在家里观看视频自学，老师则在课堂上答疑解惑，辅导学生们完成功课。可汗表示，这正是他希望看到的："我的目标就是做出大家愿意跟着学习的视频课程。看到人们在'可汗学院'的帮助下进入大学，或取得好成绩，我实在是太高兴了。"可汗的下一个目标是，在未来 5 年内制作出从幼儿园到高中的所有课程，以及部分大学课程，如计算机科学和电子工程等。

不过，也有人指出了"可汗模式"的不足。迈阿密大学教育学教授沃尔特·斯卡达认为，可汗的教学方式存在"过度简化"的缺陷，"他总是利用特定例子来解释概念，如果人们遇到其他例子时，可能会糊涂……这表面上看是个小问题，却可能为以后的学习埋下隐患"。但不管怎样，可汗凭借一己之力，借助互联网这个平台，将"家庭教师"免费送给渴望知识的人，确实给了现代教育更多的启发。

3. "可汗学院"的发展

可汗创立了一家依托"可汗学院"的教育性非营利组织，主旨在于利用网络视频进行免费授课，现有关于数学、历史、金融、物理、化学、生物、天文学等科目的内容，超过 2000 段。机构的使命是加快各年龄段学生的学习速度。可汗的事业得到了越来越多的社会认可，随之而来的物质支持，让这个免费网站更加活跃。一方面，由于教学视频点击量极高，可汗每月可从 YouTube 网站获得约2000 美元（约合 1.3 万元人民币）的广告分成。另一方面，许多学生会自发给他汇钱，从几十美元到一两万美元不等。据报道，美国著名风险投资家多尔夫妇，就曾捐给他 10 万美元。利用这些钱，可汗将现有视频翻译成了西班牙语、法语、俄语、汉语等 10 余种语言，并聘请了一些助手。

2009 年，"可汗学院"被授予"微软技术奖"中的教育奖。可汗本人也因此成为媒体追逐的对象。2010 年，"可汗学院"先后收到了两笔重要捐助：一笔是比尔·盖茨夫妇的慈善基金捐助的 150 万美元，另一笔是谷歌公司赞助的 200 万美元。

二、电子书包

1. 什么是电子书包

电子书包又叫生生通，是继"校校通""班班通"之后中国教育信息化建设的第三阶段，随着通信技术和电子技术的发展，特别是无线通信技术和便携式智能终端在中国的使用从试验阶段逐步走向成熟，教育行业也迎来了数字化教学的新发展、新机遇，电子书包就是无线通信技术和便携式智能终端完美结合的数字化教学新工具。

2. 电子书包的内容

目前市场上有些品牌的平板电脑或学习机已经打上电子书包的旗号进行产品的市场推广，但是，事实上这些独立的便携式终端仅是电子书包的一个组成部分。一个完整的电子书包应该包括四部分：学生数字终端，教师数字终端，教育资源汇聚与管理的教学服务平台，以及在终端、平台上运行的数字教学软件和服务。

（1）学生数字终端。

学生数字终端是数字化教学中学生主要的学习工具，如平板电脑和智能手机等便携式数字终端，这些都可以作为学生数字终端的硬件。

为了使学生能更好地体验数字化教学的效果，学生数字终端应具备如下功能：

第一，多媒体解析功能。支持对视频、音频、图片和文字等混合媒体介质的解析，可实现文字、图像、音频、视频以及虚拟场景等多种媒体相互结合，使得数字教材界面丰富多样，内容形象生动，从而方便学生对教学内容的直观理解，同时提高学生的学习兴趣。

第二，连接功能。支持通过3G、4G、5G或WiFi等无线连接方式与数字课堂和教学管理平台进行通信，从而实现教师在教学过程中用数字黑板互动，如课堂中实时同步提问、同步解题、下发作业等。另外，通过和教学服务平台通信，学生的数字终端可以及时更新数字教科书、数字教辅材料，获取作业和试卷等数字教学内容。

第三，管理功能。支持学生对本地的数字教材、数字教辅材料和数字作业进行分类存储。另外，通过该功能，学生可以进行数字作业和数字试卷的无纸化解答。

（2）教师数字终端。

教师数字终端是数字化教学中教师主要的教学工具，包括数字化讲台、数字化黑板等教师教学准备过程和教学过程中使用的数字化终端。

教师数字终端除具备和学生数字终端一样的多媒体解析与无线连接功能外，还应该包括以下功能：

多媒体课件制作，即通过和教育教学服务平台相连获取多媒体课件制作元素，然后在教师终端本地进行排版生成形象生动的多媒体课件，以便为课堂教学做准备。教学互动，即通过和学生数字终端互联，教师可在教学过程中实时与学生实现点对点或点对多点的提问。另外，通过同步显示技术，可实现将学生的解答过程同步到数字黑板和其他学生的终端上，以方便教师指出学生在解题过程中出现的问题，并提示其他学生避免出现类似的错误。此外，教师终端还能记录教师在教学过程中的课堂笔记，并通过教学服务平台定时发送到学生的数字终端，以方便学生课外复习。

（3）教育资源汇聚与管理的教学服务平台。

教学管理：通过和学生终端、教学服务平台互联，可实现对学生终端的控制，防止学生在教学过程中使用终端做与课堂教学内容无关的事情。

教学服务平台是整个电子书包的核心。该平台除了实现教师和学生在教学过程中的互动、管理等功能外，还应具备如下功能，以凸显电子书包的教学优势：

远程课堂——提供基于流媒体技术的远程视频教学服务，使学生终端和教师终端通过无线连接教学服务平台并组建远程数字课堂。

资源汇聚——提供多媒体课件制作工具，预置教育教学中涉及的视频片段、音频片段、图片或数字模型等资源，教师通过教师数字终端连接教学服务平台，进入课件制作即可选择所需的多媒体资源进行教学课件的制作。

教学资源管理——提供平台资源共享功能，提供对教师上传教学内容的无条件或有条件共享功能。此外，提供对同一个教师或者同组教师所属教学内容的分类存储功能。

自动判题——根据教师提供的知识库，对学生提交的作业和试卷进行自动批阅，节省教师的教学时间，使其有更多的时间放在和学生的教学沟通上。

教学统计——支持对单个学生的学习情况进行统计，如错题统计、学习进度统计等，以便教师及时了解学生知识的掌握情况和学习进度，在后期对学生进行有针对性的辅导。

在线答疑——学生通过学生数字终端连接教学服务平台，就可以使用在线答疑服务。学生可根据自己的需求选择教师进行点对点答疑，教师也可以根据实际需求组建学习组进行集体答疑。

（4）在终端、平台上运行的数字教学软件和服务。

此外，电子书包还需要集成电信运营商增值服务功能，如基于短信技术的家校通服务、基于定位技术的学生安全服务、基于视频技术的视频家长会服务等，从而实现学生、家长和教师三方的互动服务功能。

3. 电子书包催生教学信息化的新时代

由于手段落后，评测过程中的重要信息大量流失，使得教学工作处于一种"乏信息"的状态，学生和教师都处于一种超负荷的状态。要想解决这个问题，就必须对评测手段进行改革，让电脑和网络参与到评测过程中来。

有人说，全是作业和考试，这不是应试教育吗？其实不然，我们来证明一下评测环节的意义和作用。为此，首先分析一下医生为病人看病的过程。病人到医院看病，一般先要体检、化验、B超和做CT等，根据检验结果，医生判断病人的病情，然后对症下药，药到病除；之后病人还需要多次复诊和复检，所有的信息都记录在案，形成病人的病历本。医生根据复诊和复检的结果来了解病人病情的变化，调整治疗方案，所以说医生为病人看病是一种"信息化"的过程。医生每次只看一个病人，此过程明显带有"个别化"和"差异化"的特点。如果不管病人是血压高还是血糖高，都先吃降压药，然后再都吃降糖药，那是什么后果？可以这么说，如果没有"体检"这个环节，现代医学就根本不成立。

学校的教学工作恰恰相反，采用的是"群体教学"模式。虽然也有评测（体检）的环节，但是由于手段落后，评测过程中的重要信息大量流失，使得教学工作处于一种"乏信息"的状态。教师的教学内容带有大量的计划性和经验性的成分，给学生布置的学习任务含有大量多余和无效的成分，学生和教师都处于一种超负荷状态。

要想解决这个问题，就必须对评测手段进行改革，让电脑和网络参与到评测过程中来。电脑批阅学生的作业和试卷时，自动获取信息并分析学生的学习状况，形成教学评价，指导教师接下来如何教、学生如何学，在真正意义上实现"个别化教学"和"因材施教"。

教师课余的工作不再是埋头批改作业和试卷，而是通过电脑和网络调阅学生学习的"病历本"，调整教学计划和制订教学内容，更多地关注每个学生，对其进行督促和指导。学生也不再执行教师统一布置的作业指令，而是在电脑自动设置的学习计划下，完成电脑为其自动生成的作业任务，从而使学生的学习过程更有针对性，更为高效。这样，教学工作就和医疗工作一样"信息化"了。

虽然"电子书包"能随时随地为学生提供所需的学习知识，并提供与教师之间的教学互动功能，但对于高码率的高清数字教学内容的传播方面，以4G为承载网络的"电子书包"依旧显得捉襟见肘。不过，随着无线通信技术的发展，将来LTE无线技术所具备的高宽带和强抗干扰性将为"电子书包"实现互动式高清数字教学内容传播提供更稳定的内容传输信道，为未来通过"电子书包"组建的数字课堂提供技术保障，从而打破优秀教师资源和教学资源受区域限制的局限性，实现优质教育教学资源共享。

主题5 微视频与微课、慕课

一、微视频、微课及慕课的含义解读

所谓微视频，是按照课程标准的要求，将知识内容按照学科逻辑与学生的认知特点划分为若干较小的知识模块，再运用现代信息技术手段整合图、文、声、像等要素，制作成的便于学生学习的视频资源。微视频作为微课学习资源的主要呈现形式，虽然承载了知识点的讲解任务，但是只是课程资源，并不是课程的全部。

微课，是以微型教学视频为主要载体，针对某个学科知识点（如重点、难点、疑点、考点等）或教学环节（如学习活动、主题、实验、任务等）而设计开发的一种情境化、支持多种学习方式的微型在线视频网络课程。微课具有主题突出、针对性强；以微视频为核心，资源构成多样；学习情境真实、交互性强；注重教学设计、适合自主学习；制作技术简单、使用灵活方便、使用方式多样等特点。

慕课（MOOC），其经典解释是大规模开放在线课程，2008年起源于加拿大的大学，2011～2012年由于美国知名高校如哈佛大学、耶鲁大学、斯坦福大学的积极行动，在全世界范围内引起广泛关注。中国的高校也于2013年7月加入被称为慕课三驾马车的"edx""Udacity""Cousera"慕课平台。

二、微课的构成及与微视频的相互关系

1.微课的基本资源构成

微课的基本资源构成可以用"1＋4"来概括。"1"是指微课的核心资源：微型教学视频，即微视频，中小学一般为5～8分钟，高校在15分钟左右；"4"是指与微课教学主题相对应的教学设计（微教案/微学案）、教学课件（微课件/微学件及相关拓展资料）、练习测试（微练习/试题/思考题等）、反思与评论（教师的微课教学反思、使用建议及微课发布后用户的观后留言和评论等）。

值得说明的是，微课并不是上述资源的无序"堆砌"或简单组合，而是以一定的结构关系和呈现方式形成的一个半开放的、情境化的、动态生成的虚拟在

线学习与交流环境。

2.微课与微视频的关系

微课与微视频的关系可以用如图表示。很明显，微视频是微课的主要载体。

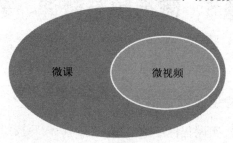

三、微课与慕课的区别

1.慕课的特点及作用

慕课给学习者带来全新的体验。第一，在线教学视频的全面改进：它将视频片段化，视频之间有练习题弹出，帮助学生回顾知识。第二，评判机制优化：机器判分，同学互评，游戏化。第三，利用社交网络形成更棒的学习氛围。第四，大数据统计能够提供来自适应教学的反馈。

传统教室中，明星教师最多能给200名学生上课。而在可汗学院平台，萨尔曼·可汗每次能给成千上万的学生上课，改变了现有的教育体系。

2013年，美国加利福尼亚州的特许学校——火箭船学校开始一个新的举措，学校正朝着把教室变大的方向发展。学校将建立更大、更开放的网络教室，配置更多的电脑，可同时容纳100多名学生参加在线学习。但学校只为这间教室配备了3名专任教师和1名个性化学习助教。

学生将大部分时间集中在网络进行的在线学习。根据学生在线学习的数据统计和分析，教师把有相同问题的学生分别组成学习小组，在教室的旁边参加面对面的直接教学或个别辅导。

2.微课与慕课的区别与联系

慕课指的是大规模在线公开课，微课指的是微型、微小的课程。两者有什么联系呢？

微课主要的呈现形式为微视频。视频讲解的时间不长，一般在10分钟之内。教师可网上发布相应的课后作业。学员网上注册后，根据教师发布的导学案，观看视频，完成作业，参与网上讨论与交流，在规定的时间内完成课程，做完作业。学员有可能获得相应的学分或者是学习证书。

由此可见，微课与慕课是不同领域的概念。微课，即微型、微小的课程。当然，这些课程可以放在大规模的公共网站作为慕课使用；也可以像哈佛那样，放在网上作为私人定制课使用；甚至教师开发只用于自己教学而不与人分享，作为与慕课毫无关系的小型课。

3. 具有中国特色的微课和慕课

在我国中小学中，受到大家广泛关注的是"慕课＋翻转课堂"的教学模式。翻转课堂是相对于传统课堂中以教师讲解知识为主、课后完成作业的教学模式而言的翻转后的课堂，是将教师的知识讲解部分以微课的形式放到课前，先让学生学习，课堂上，师生、生生一起完成作业，解决学生自己解决不了的疑难和困惑。它借助微课带动课堂翻转，实现从"依教而学"向"先学后教"的转变。

主题6　创客、创客教育与数字化学习

一、创客与创客教育

1. 含义解读

创客，简单来说就是把自己想到的东西想办法制造出来的人。作为西方 DIY 文化的体现，创客随着制造新技术和网络新经济的显现而"迅速走红"，世界各地的创客空间也随之蓬勃发展。

创客教育是以推动创客精神为核心任务，以创客空间为主要场所，以现代信息技术为主要工具，融合 STEAM 等多学科的跨学科知识，通过创客项目的创意、设计和实施的完整过程，实现培养学生想象力、创造力和动手解决问题能力的教学活动。

创客教育通常以 STEAM 活动为载体，即融合科学（Science）、技术（Technology）、工程（Engineering）、艺术/人文（Arts）和数学（Mathematics）等学科的跨学科实践活动。它强调学生在项目和问题引领下，运用多学科知识创新性地解决真实问题。从这个角度讲，创客教育也是科学教育或科技教育的一种形式。

2. 创客课程

创客课程是开展创客教育活动的目标、内容、方式及评价等的总和及其进程与安排。创客课程不是一门课程，而是由低阶到高阶的一系列课程组合。入门级课程可以侧重电子、机械、材料、计算机等基础学科知识的讲授与操作技能训练；中级课程可以侧重 3D 建模、制造、电路装配、电子切割、高级编程等较复杂的技能训练；高级课程则可以进行综合性的创新实战，围绕某个现实项目和问题，让学生以团队形式协同创造新方案和新产品。除了开设专门的创客课程外，也可以结合学科内容设置创客课题，将创客教育的理念融入学科教学中。

3. 创客教育的课堂教学

创客教育的课堂教学一般采用"情境式教学"来引导学生在具体问题场景中解决问题。它包括先确定一个问题，然后引导多学科知识的融合，通过三维创意设计软件将创意转化为数字模型，最后制作出来。例如设定一个场景：机器蜘蛛脚步零件有破损，需要重新修补。然后通过明确修补目的，测量尺寸，设计出零件 3D 模型后进行打印，从而引导学生从解决问题的角度去创新、创造。

在创客教育中，教师通过整合具有复杂设计过程的项目来为学生创设挑战性任务，再通过循环迭代的探究过程，驱动学生去创造能够反映主题、概念和标准的有形学习制品；学生在一个互动的环境中学习工程知识和技能，在问题解决中促进信息的回忆和再利用，在制品制作中学习创造逻辑联系，在展示和分享作品过程中进行类比和反思，并在最高水平上进行批判性思考。

二、数字化学习

约翰·泰勒·加托曾说过："当你从教育中获得自由意志时，就会把它变成学校教育。"从目前的发展趋势来看，这句话可能要变成"当你从教育中获得自由意志时，就会把它变成应用软件"。

1. 数字化学习的含义

数字化学习是通过互联网进行的教育及相关服务。在过去十年尤其在年轻一代中数字化学习越来越受欢迎。学生不再需要真正坐在麻省理工学院的课堂里；相反，只需一台可连网的电脑或者一部手机就能聆听知名教授的在线讲座。数字化学习的范围非常广，从远程教育到在线学习，这使得它更能吸引公众。

2. 数字化学习的现状

由于网络和技术工业的不断升级，数字化学习产业也在不断发展。自 2016 年起以及未来几年可以被认为是数字化学习产业的兴起阶段，其中围绕数字化学习有一些热门话题。

（1）游戏化。

近年来通过游戏进行学习已经获得普及。游戏化教育的目标是提高学生对学习的乐趣和对学生的吸引力。研究表明，视频游戏能增强手眼协调能力，并提高普通儿童的智商和智力。游戏还能提高孩子们在任务之间进行切换的能力，同时激发出更多想法来解决问题。通过积分、徽章和排行榜等游戏化的激励机制，推动学习者尽全力尽快完成任务，以实现课程目标。

（2）云。

大多数学习管理系统正在切换到基于云的系统。大型企业的管理者已经在使用基于云的企业培训系统。云系统吸引更多人加入在线学习的行列，减少了在线培训的成本。

（3）大数据。

我们在与学习内容互动时会产生大量数据。而大数据能够更有效地处理这些数据，获得有效洞察。从内容管理系统（CMS）、学习管理系统（LMS）和社交网站等媒体收集的数据，能为学习者制订更有效的学习计划提供依据。

（4）可穿戴技术。

Oculus Rift、Apple Watch、Moto 360 和 Google Glass 对蓬勃发展的数字化学习行业来说是另一场头脑风暴。

有了这些设备，学习者可以通过多种动态方式与主题进行交互。VR 技术的力量能让学习者沉浸在科目学习中。因此，虚拟现实将对传统教育系统产生重大影响。

三、数字化学习的未来前景

传统的教育制度给教育提供了一个环境的概念，其中教师是最高权威，学生是主体。然而，大多数需要提高教育背景的成人会发现很难重新回到学校。数字化学习为这些人创造了更多条件。

（1）经济。

重返课堂不仅需要付出很多精力，而且费用也很昂贵，但是在线学习却能提供负担得起的，甚至是免费的在线学位课程和证书。

（2）梦想。

数字化学习提供了一个机会，让更多人通过远程教育机构实现海外学习梦想。最突出的例子是 MIT 课程。

（3）主题和协助。

学习者有机会在各种各样的科目和课程中选择。他们可以按照自己喜欢的时间更灵活地学习，而且可以获得在线学术帮助或在线任务帮助，甚至可以进行在线考试等。

（4）时间管理。

学习者可以在一个方便的时间选择课程进行学习。时间管理对于有工作的人来说是至关重要的。

爱因斯坦曾说过："教育是一个人忘记了在学校学到的东西后所剩下的东西。"看来这句话现在要变成"教育就是你随时随地可以获得的东西"。

目前，已经有多所国际知名大学提供在线学位课程，并颁发证书，例如麻省理工学院、新加坡国立大学和香港大学等。

据了解，挪威政府已经启动了一项 NKN 计划（Competence Network of Norwegian Business and Industry），为那些具有创业精神的挪威公民提供在线培训。

专题二

翻转课堂 "翻转" 了什么

　　翻转课堂不仅创新了教学方式，而且翻转了传统的教学结构、教学方式和教学模式，建立起比较彻底的"以学生为中心"的教学方式。教师则上升为组织者、帮助者和指导者。翻转课堂不仅翻转了课堂背后的教学理念，还翻转了教材至上的观念，翻转了备课流程，翻转了教学方式，翻转了学习方式，翻转了学习过程技术的应用，翻转了课堂的组织形式，翻转了评价方式，等等。

主题 1　翻转课堂背后的教学理念

一、含义解读

教学理念是对认识的集中体现，同时也是人们对教学活动的看法和持有的基本态度和观念，是人们从事教学活动的信念。教学理念有理论层面、操作层面和学科层面之分。明确表达的教学理念对教学活动有着极其重要的指导意义。

二、传统的教学理念

传统师本教育无法更好实现学生的个人发展，其教学理念存在着诸多弊端。

（1）学习主体性的培养和发挥被忽视，学生的积极性和主动性被扼杀，创造力无法得到发挥。

（2）教师、教材、课堂为中心。教师左右着学生的思维和教学活动的始终，学生课堂跟着教师转，课后围着教材跑，完全处于被动地位。学生相当于知识信息的"接受器"，教师要"传道、授业、解惑"，"学问"在教师那里，学生只能在被动和闭塞的环境里应付式地跟着学。

（3）师本教育的功能体现在学习和模仿那些被证明为唯一正确的答案和最好的处理方法，把激扬生命的教育误导成控制生命的教育。教师为学生的考而教，学生为考而学，教师无法应对，学生苦不堪言，由此导致的后果是学生苦学、怕学、厌学。这是一种接受型教育、闭塞型教育。

杜威指出："传统教育许多方面的失败，是由于它忽略了把学校作为社会生活的一种形式这个基本原则，学校的最大浪费是由于学生在学校中不能完全地、自由地运用他在校外获得的经验。另一方面，学生又不能把他在学校所学到的运用于日常生活。"教育和社会生活隔离，理论和实践脱节，这对学生的身心发展是极其限制的，和现代社会的发展要求背道而驰，必须彻底改革，而改革应该着眼于学生生活的新型教育学理论和实践，必须把握好对学生保持一种体贴和坦率的关系，而不是一味地遵循传统的信念、过时的价值观、陈旧的规章制度以及一成不变的惩罚。着眼于学生生活的教育学是一项可以不断地为我们改变着世界、不断更新的大工程。

三、翻转后的新理念

我们先来看一位初中物理教师写的一篇文章。

初中物理翻转课堂实践探究

翻转课堂与传统课堂理念的不同在于：翻转课堂倡导的是以学生为主体，更加强调学生主体性的发挥，为学生提供一个适合探究和自主学习的环境。这种教学模式要求教师能够对课堂互动交流有一个深入的认识和定位，能够对学生课前视频预习情况进行合理分析，有针对性地提出有探讨价值的问题，让学生进行相互探讨，有必要的话教师也可以参与进去，帮助学生排疑解难，达到彻底理解知识的目的。这里以初中物理中一个典型的实验"测量电阻"为例，探讨翻转课堂教学模式的实施。

1. 课前自学

要实施翻转课堂教学模式，首先就要确定教学目标。就电阻测量实验来讲，学生通过课前视频进行课前自学，主要目标是要掌握伏安法测电阻有哪些具体步骤，对采集得到的数据如何进行分析和处理。在课堂上，教学目标则有所深入，既要求掌握伏安法测电阻的基本原理和测量方法，还要求学生能够进行伏安法测电阻实验。不仅如此，还要合理地进行小组分配，提高学生相互交流和协作的能力，鼓励学生进行自主思考。对于课前教学视频，教师可以自己进行录制，也可以充分利用网络教学资源，但内容都应该和教学目标相一致，时间不宜过长，10分钟即可，视频录制完毕，立即上传到教学平台，学生们通过网络就可以进行学习。

其次就是学生自主学习阶段。学生在观看教学视频后，能够基本掌握伏安法测电阻实验的实验步骤，了解实验数据的分析处理方式，与此同时，学生可以做一定的笔记，重点关注不理解的地方并有所记录，这样在课堂上就可以进行有针对性的提问，如果学生自我学习能力比较强，可以尝试手画实验电路图，以进一步加深理解。

最后就是学生进行自学反馈，找出自学过程中存在的不足或困惑，这样学生就可以与同学进行探讨交流，也可以请教老师。当然老师也应该有针对性地提出相关问题。

2. 课中强化

在课上，学生可以相互间进行互问互答，回顾视频教学中的内容，学生在课前自主学习势必存在一定缺陷，通过相互探讨，可以巩固加深课前预习内容的印象，回顾过后就可以进行伏安法测电阻的实验了。进行实验时通常采取合作探究的方式进行，具体来说就是将班级内所有同学分成若干个实验小组，随后由实验小组成员进行合作，共同完成实验操作，老师在全程要格外关注，一旦发现学生实验有问题，应及时进行相关引导，但不必告知学生如何做。与此同时，教师可以针对学生的具体实验情况提出一些问题，然后让学生进行组内讨论，也可以通过组与组的方式进行探讨。学生讨论后肯定还会存在争论性的问题，这时候教师就要积极给予疏通并加以总结，可向学生提出诸如"在只有一个定值电阻和电流表的情况下，如何得到电阻阻值"等问题对课堂内容进行拓展，先让学生进行相互讨论和探究，再由教师进行解答。这些步骤结束之后，就可以通过学生和教师的反馈评价，对所学知识进一步巩固，并反思该实验的数据分析、实验方法和基本原理，进行总结和归纳。当然了，学生在课下还可以观看教学视频，有针对性地进行练习，达到巩固知识的目的。

综上所述，通过翻转课堂教学模式，学生的主体性得到充分发挥，学习知识的方式变得更加主动，一改过去被动接受的学习方式，学生通过课前教学视频的学习，可以提前了解所学内容，知道自己存在的不足，这样在课上就可以有针对性地进行强化。应该说翻转课堂可以调动学生主动学习的积极性，激发他们进行合作探究的兴趣，这对于学生的学习效果和成绩的提高是极为有利的。

从这篇文章中，我们可以看到翻转课堂后，教学理念有着很大的变化。

1.学习主体的确定

教师由原来的独白者转变为对话者，在对话中，教师"走下神坛"作为伙伴跟学生相遇，学生在平等民主的氛围中体验感悟真理的力量、对话的乐趣、人格的尊严与生活的美好，教师与学生围绕既符合任务又同为师生感兴趣的话题或教学专题展开畅所欲言的平等对话和信息交流。

2.教学方法的转变

教师的教育观念，教学的方式方法，学生的学习方式等方面都要发生根本性的变化。作为站在教育阵地最前沿的教师必须要改变过去的满堂灌、满堂问、满堂看、满堂转、师讲生听、师问生答、师演生看等形式单一的教学方式，倡导学生独立思考、自学、实验、小组合作学习、讨论、交流、辩论等一切学习方式。

3.课堂教学形式多样化

"教无定法，贵在得法"，这一语道出了教学方法的最高境界，教师不必照本宣科，或去照搬别的优秀教师的成功经验和模式，因为我们教学的对象是鲜活的个体，学生的差异、地区的差别、教师的教学特点不同等等，都决定教师不可能照搬照抄别人的教学模式或千篇一律地走老路。在课堂上应当引导学生探究知识、发展个性，以使学生的知识、情感、能力和谐发展。

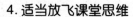

4. 适当放飞课堂思维

教师逐渐从以前的演员转变成了现在的导演，从权威变成了学习者的挚友，从评估者变成了参与者，通过有效的教学方法和手段，达成学生既学到知识，又掌握学习方法的目的。

5. 教路多元化

在全新的教育理念下，教师转变观念是新课改的核心问题。教师勇敢地越出"教案"，鼓励学生积极思考，善于关注学生的"插嘴"，善于发现每个学生身上的闪光点。

6. 实现课程功能的转变

课程改革的核心目标即课程功能的转变，也是从单纯注重传授知识转变为引导学生学会学习、学会合作、学会生存、学会做人，打破传统的基于精英主义思想和升学取向的狭隘的课程定位，而关注学生"全人"的发展。

主题2 教材至上观念的翻转

一、含义解读

教材又称课本，是依据课程标准编制的、系统反映学科内容的教学用书，是课程标准的具体化，是课程的重要载体之一，是课程的体现和外化，是学生学习和教师教学的重要依托。在编排上，有较强的系统性、逻辑性、精炼性，也有较强的学习指导和学习检测等功能，是系统学习课程，达到课程目标的重要材料。

教材不只是课本。课本往往只是教材的核心部分。教师应根据大纲要求，从教学实际出发，自主地选择、组织适合自己需要的教学材料，而不能过分依赖手中现成的课本。

教科书和教参凝聚着教材编写人员的心血和智慧，吸取了广大教师长期教学实践中探索的宝贵经验。教师应当潜心研究教材，了解教材的编写特点和意图，分析教材的优势和劣势，认认真真地用好教材，充分发挥教材的积极作用。教材编写会尽可能地考虑不同教学实际的需要，但这种努力肯定会受到很多限制；而且，教材编写者也会出现失误，不能盲目地崇拜教材、迷信教参。充分发挥教材的作用和机械被动地依赖课本和教参绝对是两码事。

二、传统的教材观

在传统教学中，课堂是教学的中心，教师是教学的中心，教材是教学的中心。教学就是教师在课堂上向学生传授教材的过程。这样，教学时间久了，教师就只会教教材，学生也只知道学教材，评价也仅仅成了验证学生对教材掌握程度的考试。只要教材不变，有的教师就可能教一辈子书，却只用一本教案。

但是教材毕竟不同于课程，无法体现课程的全部，教材也不同于知识，它只是知识的一部分，因此，教材不应成为教师教学和学生学习的唯一材料。

有的教师在上课时只是按部就班地根据教材编排的内容、顺序进行教学，乍一看整堂课条理清楚、层次分明、重难点突出，应该是不错的课了。然而这样的课往往操练形式单调、气氛沉闷，教师和学生很少有创意，也很难给听课教师留下深刻的印象。由于教师不能创造性地使用教材，教师成了知识的"搬运工"，把知识从一个仓库搬到另一个仓库，而学生也是被动地接受。长此以往，教师的工作成了一种单调乏味、简单重复的"机械"操作，教师沦为只按固有程序机械运行、缺乏创新意识的"教书匠"。这种课，教师教得累，学生学得苦，学习成了生搬硬套的苦差事，耗时多、收效低，学生不感兴趣，真是"吃力不讨好"！就这样进入了一种教与学的恶性循环。

三、翻转后的教材观

翻转课堂就是要翻转教材至上的观念，教师要创造性地使用教材，并融入自己的科学精神和智慧，要对教材知识进行重组和整合，选取更好的内容对教材进行深加工，设计出活生生的、丰富多彩的课例，充分有效地将教材的知识激活，形成有教师教学个性的教材知识。教师既要有能力把问题简明地阐述清楚，也要有能力引导学生去探索、自主学习。

教材是根据教学大纲或课程标准统一编写的，各级学校广泛使用的一种教学资源，是诸多教学资源中最为重要的一种。教材具有权威性、统一性和不可替代性，但并不是教学内容的全部，新课程要求教师"用教材去教"，而不是"教教材"。"教材上有的并不一定全部要教，教的不一定要求全会，会的并不一定全考"，这充分说明了教材的弹性和张力，给教师创造性使用教材留出了空间。

那么，如何适应翻转课堂的需要，创造性地使用教材呢？

1.科学处理教材内容

（1）删减。

教材中有些内容是学生无法当堂完成的任务，教师可以大胆地将其删减。把一些对学生来说太难、太繁杂的内容放在课后让学生小组讨论、总结，下节课再交流最合适。

（2）增加。

有些知识并不陌生，单纯的课本学习可能会给学生留下枯燥乏味的印象。针对这种现象，教师可以结合生活中的实际问题让学生学习、探讨、研究。这样容易激发学生的好奇心，增加他们的求知欲望。

（3）替换。

在教学过程中，教师可以根据实际教学需要，对教材中不太合适的内容或活动进行替换。

（4）扩展。

教材中教学活动难度过高或过低的现象时有发生。教师可根据学生的实际情况，适当调整活动的难度。如果教材中的活动难度过高，那么可以设计几个准备性和提示性的活动，以降低活动的难度，让学生体验到学习成功的喜悦。如果教材中的活动难度过低，因缺乏挑战性而引不起学生的兴趣，这时可为学生设计有一定梯度的活动，以发展学生的智力和发散学生的思维。

2.合理安排教材内容的顺序

（1）顺序重组。

根据学生的实际情况适当调整教材内容的顺序有利于提高教学效果。

（2）调整课时安排。

根据教材编排，一般一节课一个小章节，但章节与章节之间、单元与单元之间难易程度不同，所用的时间也不同，这样就要求教师学会合理调整课时安排。

3.保持教材的整体性和连贯性

新教材的每个单元都是在根据学生大脑的发育及所学知识的基础上来进行安排的，当我们把某部分删掉时，就破坏了教材的整体性，也不利于学生学习能力的提高。

4.以学生为本

教师在处理教材时应充分考虑学生的知识水平，选择教材中适合学生水平的内容和活动，让学生在真实的语言环境中培养发现问题、分析问题和解决问题的能力，并获得相应的语言技能。教师还应注重激发学生学习的兴趣，激活学生的思维，开发学生的创造性。

5.处理教材应遵循的原则

（1）从教学需要出发。

教师要善于结合教学实际，灵活地、有创造性地使用教材，对教材内容、编排顺序和教学方法等进行适当的取舍和调整。因此，在实际教学过程中，教师应根据学生的具体情况和教学需要，合理、有效地选择和使用教材。

（2）教师要做教材的主人。

教师应成为教材的主人，使教材为我所用。再好的教材也只是演出的脚本，成功的演出往往要在脚本的基础上进行"再创作"。调整、改造、扩充教材的过程，也就是教师"再创作"的过程。教材是为教学服务的，而不是用来束缚限制教学的。教师应当从教学实际出发，灵活地、创造性地使用教材，而不应甘作教材的奴隶。要培养学生的自主创新精神，教师必须首先学会客观地看待教材，自主地选择、组织和使用教材。

四、翻转教材观念的案例

先来看一个案例。

（一）"教教材"的案例

师：（指名读课文第4节）说说海伦·凯勒是怎样学习盲文的？

生1：（被指名）"她不分昼夜，像一块干燥的海绵吮吸着知识的甘霖。"

师：是这一句吗？

生2："海伦学会了拼写自己的名字，学会了拼写'泥土''种子'等许多单词。"

师：怎么那么笨，难道找不着吗？

生3：（冒着风险站了起来）"她拼命摸读盲文，不停地书写单词和句子。"

师：回答完了吗？

生：（学习委员站了起来）"她是这样地如饥似渴，以至小小的手指头都摸出了血。"

师：终于找出来了。那么，这说明海伦·凯勒学习怎么样呢？

生：（齐答）刻苦！

师：对！（和教案上相符，于是板书）刻苦。我们一定要学习海伦·凯勒的刻苦精神。

（二）"用教材"的案例

师：请同学们静下心来，逐字逐句地默读课文的第四节，反复品一品，哪些地方令人感动或者令人为之一震，随手标记下来。对此，你一定会心潮澎湃，有自己独到的感慨，不妨写下来，然后交流，好吗？

生：（充满着无限的期待，走进文章的字里行间，潜心会文。5分钟后）

师：让大家分享你的阅读收获吧，请各抒己见。

生A："海伦·凯勒拼命摸读盲文，不停地书写单词和句子"，"以至小小的手指头都摸出了血"。这种刻苦用功的精神令我感动！相比之下，我在学习英语记单词的时候，就缺少这种恒心与毅力！

师：结合自身谈体会，很真实。

生B："拼命摸""不停地写""摸出了血"，这些字眼儿的背后是一种坚韧，是一种执着。

生C：海伦·凯勒摸读盲文那感人的一幕，使我想起了因患血管瘤而高位截瘫的张海迪，她躺在床上，对着镜子，念外语单词，以至于嘴唇都磨出了血泡。

生D：这也使我想起了被卢伽雷病困在轮椅上30余年的科学巨匠霍金，想起他艰难地敲击键盘敲出了震古烁今的《时间简史》，成为继爱因斯坦之后最杰出的物理学家。

师：你们的发言使我想起了耳聋后的贝多芬。耳聋，对常人而言是部分世界的死寂，对音乐家而言是整个世界的毁灭！"整个世界毁灭了"，而贝多芬依然挺立，他用牙齿衔着指挥棒放在键盘上，用心灵感应每一个音符，用他不朽的作品向世界，向冥冥中的命运抗争，奏响了他的《英雄交响曲》！其实，像司马迁忍受宫刑写《史记》，梵·高在精神分裂状况下创作《向日葵》……他们都经历过很大的痛苦，才使他们从平凡走向伟大。诚可谓"天将降大任于斯人也，必先苦其心志，劳其筋骨，饿其体肤，空乏其身……增益其所不能"。

师：那么，从海伦·凯勒、张海迪、霍金、贝多芬、司马迁身上你们得到了什么启迪呢？

生E：痛苦是伟大的开始。

生F：一个人战胜敌人一千次还不如战胜自己一次。

生G：身残并不可怕，可怕的是心残。

师：我们应该心存感激，感激无数身残志坚者给了每个肢体健全者更多的直面苦难时的坚守、乐观与勇气！

显而易见，"教例一"与"教例二"质的区别在于，前者是教教材，后者是用教材教。

单纯地"教教材"者，"教例一"往往从功利出发将教学的唯一目的定位于"应试"。这必然走向一种视教材为"圣经"，视教学为"颂经"，视自己为"圣上"，视学生为"臣民"的误区。于是，教材文本的解读权在"教参"，在"教案"，在教师，唯独不在阅读的主体——学生。学生的义务在于配合教师执行教案，在于协助教师完成任务，在于顺从教师施展权威。这种教教材的过程，难免充斥着钳制、灌输、束缚、教唆、蛊惑、宰割，甚至泯灭；这种一味教教材的课堂，要么一人独白、万马齐暗，要么众口一词、千人一腔；这种一味教教材的课堂，必然导致一种声音说话，一种方式思维，一种方法做事。长此以往，一个人的悟性、灵性、创造性焉能不枯竭殆尽？

从教教材走向用教材教，是一种教学理念的转变。从宏观的角度讲"用教材教"，意味着教学不仅是教书本知识，而且是哺育人成长；从微观的角度讲"用教材教"，意味着引领学生与教材文本对话，并从中汲取精神营养，"用教材教"是对"阅读教学是学生、教师、文本之间对话的过程"（《语文课程标准》）的有效实践。

"教例二"的"用教材教"昭示我们：还学生与文本对话的时间，就是归还学生阅读主体的权利；还学生阅读对话的空间，就是归还学生独立思考的自由；还学生交流对话的机会，就是归还学生"个性化阅读"的天地。

"教例二"还昭示我们，教师与学生对话是一种方向的引领，是一种空间的拓展，是一种境界的提升。如果说学生与文本对话宛如观一幅"白鹭立雪"图，因其知识背景、生活经历、文化素养不同，目光及视点各异，可能会出现"愚人看鹭，聪者观雪，智者见白"的个性差异。这是情理之中的事情。那么，教师与学生的对话，一方面在于承认这种"看鹭""观雪""见白"个性差异的客观存在，另一方面在于以此为契机，相继进行教学资源的"二度"开发与利用，旨在提升每一个学生的心智——使本来只能见其点（"鹭"）者，能够观其面（"雪"），使已经能够观其面（"雪"）者，进而能够识其本（"白"）。

主题 3 备课流程的翻转

一、含义解读

备课是教师根据学科课程标准的要求和本门课程的特点，结合学生的具体情况，选择最合适的表达方法和顺序，以保证学生有效地学习。备课分个人备课和集体备课两种。个人备课是教师自己钻研学科课程标准和教材的活动。集体备课是由相同学科和相同年级的教师共同钻研教材，解决教材的重点、难点和教学方法等问题的活动。

二、传统的备课流程

传统的教师备课，是教师所作的课前准备。它一般包括钻研和组织教材、了解学生、选择教学方法；此外，还要准备有关教具和设计板书等。备课分为学期（或学年）备课、单元（或课题）备课和课时备课三种。

1.传统备课的特点

（1）传统备课中的目标确定是一种知识的预设，备课是教材内容的简单诠释。

（2）传统备课是教学过程的简单安排，只关注教师的教学行为，而不关注学生的学习行为。

（3）学习活动流于形式，不能保证课堂学习交流的效率。

（4）传统备课是教学方法的简单展示。只备教法，不备学法。

（5）传统的备课形式与"课改"的宗旨相悖，使教师吃力不讨好。

2.传统备课的弊端

（1）脱节。备课内容与上课内容不一致或很不一致。

（2）雕饰。侧重于教案书写形式的美观、结构的整齐，华而不实，中看不中用。

（3）教条。章章节节课课限于一定机械模式，体现不出教师的独立思考与创新。

（4）抄袭。采取拿来主义的态度，不结合周边环境、学校和学生的生活实际。

（5）残缺。重要环节缺失，或轻描淡写带过，无教后记录或无课后自评。

按照课改的要求，必须冲破传统备课的清规戒律，革除种种弊端，以崭新的教学设计或学案代替传统的备课教案。

三、翻转后的备课新流程

"翻转课堂"会大大增加教师的备课内容、工作量和工作时间。首先，每一堂课教师都得分两次备课，而且备课内容和形式与传统备课完全不同。对于课前学生的自主学习，教师要准备教学视频，还得给学生准备导学案。对于课堂教学，由于内容和形式都不一样，重在讨论交流，会有更多的生成，教师在备课时就得有更多的预设。在学生的自主学习期间，教师还得尽可能地提供在线帮助，这些都增加了教师的工作量和工作时间。

"翻转课堂"备课流程基本包含了"三步四环节五课型"。

1. "三步四环节五课型"的含义

（1）"三步"。

"三步"是指"课前预习""课内探究""课后训练"三个步骤。

课前预习：解决什么时间预习？预习什么内容？用什么方式掌握学生的预习情况？怎样设计预习学案？通过什么方法、手段使学生掌握学习目标，等等。

课内探究：要体现"三讲三不讲"；要搞好课堂教学环节的设计；要明确哪些问题学生自主学习，哪些问题学生合作探究；要考虑如何进行问题点拨，课堂教学过程中的反思总结环节如何设计；要体现教学过程中的课堂检测、课堂反馈、课堂矫正、目标达成和拓展提升等。

课后训练：要体现"三布置三不布置"；要多布置发散思维性、发展提高性和迁移应用性的作业；要适当控制作业的数量。

（2）"四环节"。

"四环节"是指课内探究的过程中要体现"自主学习""合作探究""精讲点拨""有效训练"四个环节，要研究好设置各个环节的目的和作用是什么。

（3）"五课型"。

每个学科结合各自学科的具体特点，设计出五个课型（每个学科的功能和名称不同）。即新知探索课、习题训练课、检测点评课、阅读写作课、实验探究课。

2. 备课流程的阐释

（1）学生学习"三步"的要求与关系。

课前预习学案——要求教师在集体备课的基础上编制预习学案，指导帮助学生课前预习与巩固，对学生的预习情况进行有效的检查与诊断，了解学情，为课堂上学生的高效学习，教师精讲点拨做准备。课前延伸的预习学案编写要遵循以下原则。

①基础性原则。紧扣课程标准要求，突出对基础知识、基本规律、基本内容的设计。

②适度性原则。预习学案所涉及的内容难度要适中，让绝大部分学生通过预习，就能解决学案上70%的内容。

③适量性原则。要求学生课前预习的内容要适量，每节课课前预习时间控制在半小时左右。坚决杜绝把指导学生预习的学案变成教师抢占学生自主支配时间的一种手段。

课内探究学案——学生根据教师的导学案进行自主学习，掌握基础知识，找出自己学习中遇到的疑难问题；学生通过小组合作探究解决自主学习中遇到的疑难问题，通过小组学习成果的展示，找出难以解决的问题，提交给教师；针对学生在前两个学习环节中存在的疑难问题，教师进行精讲点拨，帮助学生解难答疑，升华提高；教师精心设计随堂检测题进行当堂达标检测，检查学生当堂达标情况。

课后训练学案——精选习题或布置实践性作业进行拓展训练，帮助学生巩固拓展提高。

（2）课堂"四环节"备课流程预设要求。

第一，自主学习。

学生根据学案上教师设计的问题、创设的情境或导读提纲，进行自主学习，当堂掌握基础知识和基本内容。学生要对自主学习过程中的疑点、难点、重点问题做好记录，为学习小组合作探究打下基础。

第二，合作探究。

学生把自主学习中遇到的疑点、难点、重点问题在学习小组中分享，小组成员针对这些问题进行讨论探究，共同找出解决问题的方法与思路。学习小组也可依托学案上教师预设的问题讨论解决，把小组合作探究的成果进行交流展示，教师汇总学生交流展示中出现的问题，准确把握各小组在合作学习中遇到的疑点、难点、重点问题，为精讲点拨做好准备。

第三，精讲点拨。

教师根据学生自主学习、小组合作探究中发现的问题，对重点、难点、易错点进行重点讲解，帮助学生解难答疑，总结答题规律，点拨答题方法与思路。精讲点拨准确有效的前提是教师应具备准确把握课标、教材的能力，能够准确地了解学生的学习情况，力求做到一直倡导的"三讲三不讲"原则。"三讲"即讲易混点，讲易错点，讲易漏点。"三不讲"即学生自己已经会了的不讲，学生自己能学会的不讲，教师讲了学生也学不会的不讲。

第四，有效训练。

针对本节课所学内容，精编精选当堂达标训练题，进行当堂达标测试。要求学生限时限量完成测试题，可通过教师抽检、小组长批阅、同桌互批等方式了解学生答题情况，及时对错题进行讲评点拨，确保训练的有效性。

（3）"五课型"的备课流程设计要求。

各个学科应根据各自的学科特点设计五种不同的课型，各种课型的流程设计要体现课前预习、课内探究和课后拓展三个步骤，同时在课内探究的过程中体现自主学习、合作探究、精讲点拨、有效训练。要按照"三步四环节"的相关要求设计每一种课型。

四、备课流程的翻转案例

下面介绍的是山东省昌乐二中"271高效课堂"备课流程。

1.备课理念：立足于三个改变

教师角色的改变："师长"变"学长"，教师变教为启，变教为帮。

学生角色的改变：学生成为学习的主人，变被动接受为主动探求。

教室功能的改变："教室"变"学室"，"讲堂"变"学堂"。

2.备课流程的内涵

（1）学习内容方面。

20%的知识——自学能会；70%的知识——合作学会；10%的知识——教师教会。

（2）学生组成方面。

20%的学生——特优生；70%的学生——优秀生；10%的学生——待优生。

（3）影响学生学习成绩的因素。

20%的因素——智商；70%的因素——情商；10%的因素——行商。

（4）时间分配。

20%（约10分钟）——（教师）诠释学习目标，组织课堂教学，课堂引领、激励、点拨；70%（约30分钟）——（学生）分组合作，展示点评，质疑拓展；10%（约5分钟）——（学生）总结反刍，当堂检测。

3."271"备课流程

（1）"三案"并举，铺就高效快车道。

与杜郎口中学"预习提纲"、兖州一中"导学案"不同，昌乐二中采用预习案、探究案和训练案"三案并举"，既注重发挥学生的"主体"，也注重发挥教师的"主导"。

预习案：课前学生预习课本，自通一遍教材，为课堂学习做好准备。通研导学案，在导学案的引领下进一步理解教材，与生活经验挂钩，重新构建知识体系。小组长做好组织管理，确保每位成员充分预习，并找出课堂需要讨论的问题。

探究案：每个学习小组针对预习发现的问题，确定讨论的目标，自主合作，探究解疑。在讨论展示中，小组长随时关注成员对预习中遇到问题的解决情况和整个学习过程。课堂结束，小组长对每个成员的学习效果进行验收、总结并打分排队。

训练案：小组长自主确定时间，带领全体成员按照训练学案要求分层达标。学生自主学习，限时完成。小组长及时收缴，向教师反馈交流。

在编制导学案时，教师把工夫用在"课前"，每个导学案都要有编制人、审核人，包括领导签字、日期、编号，并且做到有发必收、有收必批、有批必评和有评必纠。

（2）备教材，更要备学生："三力"建设、"三驾马车"，保证课上课下"双高效"。

"三力"建设，即学生的自主学习力、自主管理力和自主生活力的建设。把班级所有的管理都放给学生，把学校所有的管理放给学生，让学生在改变过程当中感悟，在感悟当中成长。

每个班级里都有"三驾马车"。"第一驾马车"是高效学习小组，即由异质同组分组方式组成，采用 AA、BB、CC 形式建构，同组之间是一个相对稳固的团队，组员之间既是合作者，又是竞争对手。"第二驾马车"是高效学习科研小组，即学生根据组内"学情"与任课教师一起组成课后的"问题研究"团队，以此给教师提供基于学情的课改"决策"依据，并提升自我解决问题的能力。"第三驾马车"就是行政管理小组，即做好"组务"自主管理工作。"271"高效课堂的关键：让"学习小组"成为"动车组"，每一间教室里都有三个"小组"，一个是行政组，一个是科研组，一个是学习小组，"三位一体"的学习动车组，为每一个学习者提供了动力援助，让昌乐二中的课堂因"活"而"乐"，因"实"而"好"。通过"三力"建设、"三驾马车"，把每个班级建设成一个家庭，为高效学习提供了一种非常好的人际关系。

（3）"271"高效课堂的保障制度。

①集体备课制度——强化能力挖掘与培养。

第一，深入钻研新课程标准、考试大纲，站在课程标准的高度研究教材，准确把握教学方向。

第二，说课要讲清课标的要求，教材与题目涉及的能力及在高考中的地位，学习目标的设计，课堂学习过程的设计。

第三，对导学案的研究要体现能力立意，把每个题目背后承载的能力研究出来，每个题目的规律方法、变形拓展研究出来。

第四，研究每一节课、每一个题目、每一个环节如何体现能力立意。明确在能力立意的前提下如何指导学生学会自主与合作，学会质疑与探究，学会总结归纳。

②个人备课制度——个人课堂教学设计。

第一，重点放在七个设计上：学习目标的达成，交叉立体目标的确定，预测可能发生的生成目标，学生学习过程的设计和组织，重点、难点的突破，导学案的使用，增加课堂"三量"等学习能力的培养。

第二，实行两栏备课，双边活动设计栏要设计好富有启发性的提问，运用能调动学生动脑思考、动手练习的方法，预测好可能出现的问题，设计好学生自主学习、合作探究、讨论展示的方式。

③高效导学案编制制度。

导学案是对教材的翻译和二次创作，要在"导""学""案"三个字上下工夫；体现"知识问题化""问题层次化"两个原则；立足学情，贯彻分层学习、分层达标原则；探究问题要有层次感、立体感、新颖感，与生活实际相结合，能激发学生强烈的求知欲望。

④反思教学制度。

第一，坚持课前课后两碰头。课前交流没解决的问题；课后交流教学心得体会。

第二，开好学科反思会（入木三分找差距）。对课堂中疑难点问题的处理、引发出的新问题的解答、课堂突发事件的解决办法等谈心得体会，互帮互促。

第三，坚持写个人反思总结（小课题研究）。对每节所授课进行教后反思，这节课哪些环节或知识点处理不到位，失误应该怎样克服等。

第四，年级进行阶段性总结、交流、论坛。

⑤评价制度——评价是最好的管理。

第一，课堂评价：学科班长负责总结评价，表扬本节课的优胜小组和表现突出的同学。

第二，每周一次"展示之星""点评之星""质疑之星"和"助人之星"等评选活动。

主题4　教学方式的翻转

一、含义解读

教学方式是指教学方法的活动细节。教学过程中具体的活动状态表明教学活动实际呈现的形式。如讲授法中的讲述、讲解、讲演；练习法中的示范、模仿等。没有独立的任务，也没有服从于某一方法所要完成的任务。同一教学方式可以用于不同的教学方法，不同的教学方式也可包含于同一教学方法之中。它能使教师的工作方法形成独特风格，赋予教学方法以个人特征，也能影响学生在知识的掌握上形成自己的特点。

二、传统的教学方式

传统教学是一种以教材和课堂讲授为中心的教学模式。它一直偏重于传授学科中固有的知识，而对于这些知识是如何创造出来的，以及如何创造性地运用这些知识去解决实际问题，往往形成从不过问或无力过问的现象。教师在这种教学模式中大多注重满堂灌、填鸭式教学，提倡时间加汗水的做法。

传统的教学方式一般以组织教学、讲授知识、巩固知识、运用知识和检查知识来展开。其基本做法是：以纪律教育来维持组织教学，以师讲生听来传授新知识，以背诵、抄写来巩固已学知识，以多做练习来运用新知识，以考试测验来检查学习效果。这样的教学方式在新一轮基础教育课程改革理念下，缺陷越来越明显，即以知识的传授为核心，把学生看成是接受知识的容器。按照上述五步教学法进行教学，虽然强调了教学过程的阶段性，但却是以学生被动接受知识为前提，没有突出学生的实践能力和创新精神的培养，没有突出学生学习的主体性、主动性和独立性。

三、翻转后的新方式

传统的教学方式是课堂讲解加上课后作业，"翻转课堂"的教学方式是课前学习加上课堂研究。传统的课堂上，教师是知识的传播者、课堂的管理者，学生是被动的接受者；在"翻转课堂"上，教师是学习的促进者，学生是主动的研究者。

1.变"组织教学"为"动机激发"

其目的是让学生在师生交往的情境中受到某种激励，使其对将要学习的内容产生需求的欲望，进而形成学习动机。学习动机是学生学习系统中重要的动力因素，在学习过程中起着"核心"作用。没有学习动机，就不会有积极主动的学习活动。学生的学习动机并不会无缘无故地产生，而要靠教师在师生的交往中去激发、去培养。实践证明，"目标激励法""表扬促进法""友好交往法"等，都是激发学习动机的好方法。

2.变"讲授知识"为"主动求知"

其目的是让学生摆脱那种生浇硬灌的教学模式，掌握学习的主动权，根据自身的实际来选择、探求蕴藏在教材中的知识。在这一阶段，要突出"自主求索"四个字。这就要求教师不能瞪着眼睛站在讲台上看着学生学习，更不能再用一套讲义来应付全班不同学习水平的学习需要，而应和颜悦色地走到学生之中，帮助、引导学生学习。教师既要提问学生又要让学生提问，让教学在彼此提问、共同思考之中展开，让学生的学习在彼此交流、相互促进之中深入。教在学后，学在教前，生为主帅，师为参谋。这个阶段很重要，也很复杂，操作难度较大，一般可以采用"问题讨论法""主题研究法""师生访谈法"等方式开展教学活动。

3. 变"巩固知识"为"自我表现"

其目的是让学生免除机械记忆、重复练习之苦，以自我表现的形式消化、深化知识并内化成自身素质，凸显主体，张扬个性，加强合作，养成活泼自信的品格和团结协作的精神。在这一阶段，要在"动"字上下工夫，要力求做到身动、心动、人动。为了达到这一要求，教师可以采用模拟表演、对抗辩论、演讲朗诵、或趣味游戏等形式鼓励学生动起来。学生在动中学，在学中动，在自动中战胜自我、发展自我，在他动中发现不足、弥补不足。

4. 变"运用知识"为"实践创新"

其目的是让学生打破书本的局限，突破经验教训的禁锢，不做知识的奴隶，不做教师驱赶的绵羊，着力培养自己求异、求新的创新思维和敢疑、敢闯的创新精神。

从学习过程整体上看，这一阶段是实施全过程的归宿环节，前三个阶段，原活动都是在为这一阶段的完成积蓄力量。一堂课的学习活动是否成功，关键要看这一阶段的质量。因为只有搞好这一阶段的活动，才能让学生的学习产生实质性的变化，才能培养学生的创新精神和实践能力。因此，教师在这一阶段要做探险队长、突围队长，打破常规，运用一些具有挑战性的问题来强化学生的创新意识。比如，学生解答一个问题后，教师可提问：这是不是最佳办法？此题是否还有其他解决办法？换一种说法是否效果更好？这里是否有错误或漏洞？以此鼓励学生质疑书本，鼓励学生突发奇想、敢于挑战，鼓励学生动手实践、身体力行。

5. 变"检查知识"为"互相交流"

其目的是让学生通过同学间、师生间的学习体会和情感体验的交流，总结知识，体验学习方法，感受学习的酸甜苦辣。这一阶段虽然是结尾阶段，但切忌流于形式。成果汇报、学习拾遗、几点补充等都是很好的交流方式。总之，要让学生在相互的交流中，将所学的知识形成完整的知识体系，组建崭新的认知结构，从而增长学生的实践创新能力。

四、教学方式翻转案例

下文是一位化学教师写的一篇文章"从《二氧化硫性质探究》的教学反思看教学方式的翻转"，从中我们可以体会到作者教学方式的改变。

化学是以实验为基础的一门重要学科，但在教学中很多教师却忽视实验教学的直观性和重要性，不但忽视学生实验，连演示实验都从来不做，只是在黑板上讲实验，让学生背实验，忽视了学生的动手能力。最终培养出来的人往往成为"有知识，无能力""墨守成规有余，创新精神不足""思维呆板单一，缺乏灵活变通"的现代"文盲"。

1. 精心创设求知情境，激发学生学习兴趣

以全球瞩目的三大环境问题之一的"酸雨"为切入口，播放一段有关酸雨的视频，使学生感到亲切和渴望，亲切的是酸雨是日常生活所能碰到的问题，渴望的是了解酸雨是如何形成的。这时我再顺水推舟引出课题：形成酸雨的主要原因之一是二氧化硫，欲知酸雨如何形成，得先了解二氧化硫的性质。好的开始是成功的一半。课程开始能够迅速吸引学生、激发学生的学习兴趣尤其重要，而我做到了这一点。

2. 内容重组，过渡自然

秉着新课程理念"用教材教而不是教教材"，我对硫和氮的氧化物的内容做了重新安排。硫单质及其燃烧后的产物已在初中时接触过，我不再作为上课时的主讲内容，而主要讲解二氧化硫的性质。考虑到学生的基础及知识的完整性、系统性，我将其进行补充改进。

首先介绍二氧化硫的漂白性。教材上是往二氧化硫的水溶液中滴加品红溶液来说明二氧化硫的漂白作用，这样的说服力不强，学生会认为会不会是二氧化硫与水反应后得到的亚硫酸具有漂白作用而不是二氧化硫。在教研室陈主任的帮助下，我把其改成了往二氧化硫气体中伸入品红试纸来验证二氧化硫具有漂白作用。这样既避免了亚硫酸的影响，又避免了在加热时有过多的二氧化硫从溶液中分解出来。实验简单易行，避免了学生在认知上的歧义。我认为这是本节课的一大亮点。

接着从组成上分析二氧化硫具有酸性氧化物的通性，最后从化合价分析二氧化硫的氧化还原性。这样既过渡自然又环环紧扣。

3. 问题驱动，激发兴趣与动力

在二氧化硫性质学习的整个过程中，我都以问题驱动学生积极参与学习与探究。如在学习其物理性质时，我设计了几个问题。

（1）了解一种物质的物理性质，主要从哪几点考虑？

（2）如何知道一种气体物质的水溶性？其方案如何设计？

几个问题把学生带入了实验探究。在学习二氧化硫的漂白作用时，我不是直接引入漂白实验，而是先创设情境："古时利用燃烧硫的方法漂白布料，你能说说其可行的原理吗？"引入可能的性质漂白作用，再进行实验探究验证。在学习二氧化硫的其他两个化学性质酸性氧化物的通性及氧化还原性时也都是以设置问

题、解决问题的方式呈现，我认为这样可以避免教师直接填鸭式告知方式的枯燥无味，激起学生解决问题的欲望及兴趣。上课时学生们的积极参与就很好地说明了这一点。

4.创设认知"冲突"，激活学生思维

在验证二氧化硫能不能与氢氧化钠溶液反应的实验探究中，提出通过颜色变化观察（往滴有酚酞的氢氧化钠溶液中通入二氧化硫）方案后，质疑其结果能否说明是二氧化硫与氢氧化钠溶液反应使溶液褪色还是二氧化硫的漂白作用使溶液褪色？使学生在认知上产生强烈的矛盾，更能引起学生注意及积极思维。正如心理学家瓦龙所说："思维者，克服矛盾之过程也。"上课时也确实激起了学生的学习兴趣，达到了学生探究实验的高潮。

5.关注学生主体、教师主导的地位和作用

在整个课堂教学过程中，所有知识的传授，我都不是直接给出或简单介绍，而是通过一定的情境，慢慢地引导学生探究、总结。学生通过自己分析、解决问题来构建知识体系。在问题解答方面，产生的疑惑方面，我会尽可能地让大多数学生参与，集思广益，达到预期的教学效果。

主题5   学习方式的翻转

一、含义解读

学习方式（Learning Style）是指个体在进行学习活动时所表现出的具有偏好性的行为方式与行为特征。反映了个体学习活动中的个体差异，这与个体的性格及学习习惯有关。

学习方式有多种类型，主要有以下几种。

1.沉思型与冲动型

前者在思考之后做出；后者则凭直觉立即做出反应，易出错。

2.场独立型与场依存型

前者较少受外界刺激干扰，独立学习；后者易受外界因素干扰，难以独立学

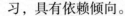

习，具有依赖倾向。

3. 平稳型与敏锐型

前者习惯以常规方式学习、思考问题，长于守成，短于创新；后者倾向于做新的尝试，思想灵活，反应敏锐。

4. 冒险型与谨慎型

前者喜欢新奇，敢于冒险，力求成功倾向占优势；后者则是避免失败倾向占优势。

5. 认知繁化型与认知简化型

前者倾向于全面、细致地考察事物，力求面面俱到，但不易抓住重点；后者倾向于以点概面，易受表面因素影响，不易触及问题深处。

二、传统的学习方式

传统的学习方式主要强调要预习、认真听课、大量做题、好好复习某一类题的小技巧以及创建错题本，等等，即所谓的勤学苦练。而这些是学习的基本程序，传统的学习方式只是在要求尽可能多地加大精力投入。

由于传统的课堂教学在教学方式方法上以教师讲解为主，在教学组织形式上主要采用全班集体教学和同质分组的方式，在奖励与评价方面以全班或个人为奖励对象，以考试分数为主要奖励依据，从而导致了竞争型的课堂目标结构。在这种结构中，学生常处于一种极度焦虑之中：如果想获得优胜，就必须击败所有的对手。竞争使学生倾向于能力归因，由于只可能有少数人获胜，结果使大多数学生失去学习的信心，对学习缺乏动机和兴趣，甚至逃避学习。传统的教育教学管理制度限制和束缚了教师在教学方法上的多元选择与创造性。

这种学习方式的特点为以下几点。

1. 被动性

在传统的教学环境下，教学过分注重知识的传授，把学生当作装知识的"容器"，缺乏思维的碰撞，缺乏生气和乐趣，缺乏对智慧的挑战和对好奇心的刺激，使教学变得机械、沉闷和公式化。这种教学方式导致学生被动、依赖、丧失主动性，过于服从权威，缺乏创新意识和创新能力。

2. 单一性

一是指学习途径、手段的单一性。学习主体获取知识和技能主要依靠甚至仅依靠教师直接传授，缺乏更多的学习途径和手段。学生"两耳不闻窗外事，一心只读圣贤书"。二是指学习主体大多是孤立的缺乏联系的单一个体，不能形成大规模的集体性质和社会整体性质的学习活动。

3.知行对立性

在传统教学思想的影响下，我国的课堂教学在整体上缺乏现实感和生活感，学生的整个精神生活被定格在科学世界和书本世界之中，丧失了应有的完整的生活意义和生命价值，存在着一种疏远学生当下现实生活和社会实际的片面倾向，学生的学习只注重科学世界和书本世界，远离了自己的生活世界。再有，学生的学习注重未来世界，脱离现实生活。课堂教学总是想方设法把一种预设的成人化、社会化的生活模式强加给学生，牵引着他们走向一种既定的生活模式，而没有认识到人们的生活尤其是学生的未来生活是不可限定、不可全盘计划的，致使学生的学习严重脱离自己的现实生活和社会实际。

三、翻转后的新方式

翻转后的新的学习方式把将传统班级教学以竞争型目标结构为主的模式转变为以合作型目标结构为主的模式。目标结构的改革克服了传统教学中热衷于分数排名，以"成功"作为衡量学生优劣的唯一标准，从而导致大多数学习"失败者"自信心遭到彻底摧毁的弊端。小组合作学习把"不求人人成功，但求人人进步"作为教学评价的最终目标，把个人之间的竞争变为小组间的竞争，形成组内合作、组间竞争的格局。

这种学习方式的特点有以下几个方面。

1.主动性

这是这种学习方式的首要特征，其表现为"我要学习"。强调教师要培养学生内在、直接的学习动机，使学生越学越想学、越爱学，学习变成了学生生活中的最大追求。同时学生认识到学习与自己的生活、生命成长密切相关，认识到学习不仅是一种乐趣，更是一种义务和责任。

2.独立性

这是这种学习方式的核心特征，其表现为"我能学会"。强调教师要相信每一个学生身上都隐藏着巨大的发展潜力和能量，都具有很强的学习潜在能力。教师的责任就是要把这种潜在的能量和能力开发出来，尊重学生学习的独立性，鼓励并创造机会让学生独立学习，逐步培养学生的独立学习能力。

3.独特性

每一个学生都具有自己独立认识世界的方式、态度，也有着不同的精神世界和内在感受，也就是说，学生学习的方式上存在着个性差异。教师的责任就在于承认差异，尊重差异，根据差异因材施教，这是一种客观存在并很有价值的教育资源。

4. 体验性

这是指让学生参与认识的过程，获得直接经验过程中所产生的情感和意识。体验给知识注入生命，因为有了体验，知识的学习就扩展到心理的范畴。学习的过程同时也是一个人身心发展和人格形成的过程。为此，新的教育方式注重让学生参与，强调让学生去感知、去操作、去实践、去思考，获得最直接的个人经验，并通过交流、合作，互相启发，达到共同发展。

5. 问题性

人类的进步与发展都是从问题开始的，提出一个有价值的问题，比解决一个问题更重要。问题是生长新思想、新方法、新知识的种子。感知只能获得直接经验，而产生的问题才是促使学生探究学习的根本原因。没有问题就不能真正诱发学生的学习求知热情，学生也就不会深入地进行钻研和思考。问题产生于实践，它是诱发学习的真正动力。教师要善于让学生在感知中观察、思考、提问，多问几个"为什么"，帮助学生建立问题意识，在教学设计中抓住"问题"这一线索，设计环环相扣的问题，引发积极的思考与探究。

四、学习方式翻转的案例

下文是一位教师的《我的母亲》教学设计，从中能看出学生学习方式的转变。

1. 课前准备

（1）教学分析（略）。

（2）搜集资料，制作课件。

在对教学内容分析的基础上，备课组教师协商讨论，搜集相关资料，将授课内容制作成PPT，制作课件时尽量考虑色彩、内容，争取图文并茂、生动形象，能吸引学生的注意力。同时，针对本节课的教学内容，可以搜集一些相关的拓展性资源，比如：胡适的个人经历，胡适母亲的个人经历，胡适家族情况等，使学生对整篇文章的背景有更全面的了解。同时，搜索相关的练习题，供学生在课前预习后进行自我检测。

（3）视频录制。

视频的制作方式很多，可以通过电脑或手写板将课件内容录频，生成视频课件。视频内容可以是教师对PPT课件内容进行讲解、展示或者注释；还可以由主讲教师像平常上课一样直接讲课，由技术人员用摄像机进行录制生成视频；或者是教师在学习网站上搜集查找的本节课的教学视频。视频的时长一般保持在15分钟左右，过长会导致学生没有足够时间观看，过短又不能将教学内容全部呈现。最后由教师将准备好的学习资源上传到学习资源库中，供学生下载观看。

（4）学生观看视频。

学生下载学习资源库中的视频资源进行观看，可以控制视频的播放进度，对于简单的部分可以快进、跳过，对于较难的部分可以重复观看，还可以暂停记录笔记等。在视频观看结束后，学生可以登录作业平台做一些习题检测提升预习效果，还可以在网络平台上与同伴进行简单交流。

2. 课堂学习

（1）速读课文，整体感知。

学生速读课文后思考回答以下几个问题。

问题一：课文讲述了胡适母亲生前的哪几件事？

A. 督促我早起，"催"我去上学。

B. 我说了不该说的话，她重重责罚我。

C. 在除夕之夜对付败家子大哥的债主，她从不骂一声，也从不露出一点怒色。

D. 忍受了两个嫂子的气，忍到不可再忍时，悲哭一场。

E. 听了五叔的牢骚话，表现出刚气，不受一点人格上的侮辱。

问题二：用一句话来描述母亲的性格特点。

我母亲管束我最严，她是慈母兼任严父。

问题三：为什么说母亲既是慈母又是严父？

对我谆谆教导，帮我舔眼翳，在我犯错的时候又很严厉地惩罚我。

（2）品读课文，合作探究。

学生精读课文，与小组成员交流讨论以下问题。

问题一：童年是美好的，但作者的童年是怎样的呢？

作者的童年是枯燥无味、没有乐趣、不快乐的，被传统教育方式约束了发展。

问题二：作者为什么要用大量的笔墨写自己童年的一些事情呢？

A. 写作者的性格特点和童年生活，一方面写出作者童年的爱好、快乐，另一方面也写出了儿童好玩的天性；既写出童年的单调和失落，也写出环境与教育对人性格形成所起的作用。总的来说，作者的童年生活除了看书之外，是贫乏的，是有缺憾的，正是在这一背景下，母亲给他的一点做人的训练和教诲，不仅珍贵，让他永铭于心，而且与文末相呼应。

B. 这篇文章选自《四十自述》，写母亲的同时也是写作者自己人生成长道路上的一段经历，或者说，是把母亲作为人生道路上的第一位恩师来写的，所以，开头写了较多自己童年的经历。

问题三：作者主要写母亲是他的恩师，为什么除了写母亲怎样训导之外，还描写她与家人相处的事情？

教育要言传身教，不仅是表现在语言上的说教，更表现在行动上的示范和引导。母亲与家人相处的描写看似游离主题，却更贴近主旨。母亲对作者的影响不仅体现在训导上，更多地体现在母亲平时怎样待人接物上。因此，写母亲如何与家人相处的情形是写她以身示范对作者潜移默化的教育和影响。

问题四：作者在文中很少运用直接抒情的语言表达对母亲的感激和怀念之情，可感激和怀念之情却处处可见，这种感情如何体现？

首先，文章用质朴、真切的叙述语言和自然流畅的结构与作者真挚、发自内心的情感相辅相成，相得益彰。如有些语句就包含了深厚的感情："每天天刚亮时，我母亲……多久了。"其中，"我从不知道她醒来坐了多久了"将母亲的辛苦写得淋漓尽致，令人读后潸然泪下。

其次，文章是用回忆的形式来进行描写的，毫无成人的姿态，亦无学者的深沉，如实道来，真诚倾吐。甚至可以说，作者是用"心灵"来写母亲的，全文自然而然地洋溢着对母亲的敬爱之情。

最后，行文结构流畅，毫无矫揉造作之态，是作者的真情实感。

（3）拓展延伸，成果共享。

环节一，小组合作讨论共同完成学习任务，遇到小组解决不了的问题可以由教师适当引导、点拨。

环节二，各小组派一名代表将自己小组的讨论成果与全班共享，大家取长补短，相互学习。

环节三，根据自己的切身感受，用80字左右描写自己的童年生活。抓住细节，描写自己母亲的独特之处。

环节四，将学生的作品进行展示。

（4）归纳总结。

克己容人世人敬；严父慈母一身担。

3. 课后延伸

母爱是人生最美好的话题，从古到今，不少人都描写过自己的母亲，比如：朱德、史铁生、老舍等。课后学生可以在网上搜集相关的文章进行阅读、拓展。学生可以将自己对母亲的描写放到网络平台上与同学交流分享，感受母爱的力量。

本节课的教学目标不仅仅为了了解胡适母亲生前的事，更需要体会母爱的伟大，学会理解和体谅父母，珍惜父母的爱。

4. 课后反思

信息技术的发展为翻转课堂的实施奠定了基础。自翻转课堂模式引入我国后，受到广大教育工作者和学生的广泛欢迎，翻转课堂以其新颖的教学方式必将带动我国教育的改革。使用翻转课堂教学模式的优势主要体现在以下几个方面。

（1）视频学习摆脱了传统单调的信息传递形式，以图文并茂、有声有色的视频从多维度向学生传递信息，提高信息接受效果。

（2）翻转课堂以课前学生自主学习，课上合作讨论的学习模式进行，尊重学生在学习过程中的主体地位，充分调动学生的自主性、参与性和积极性，提高学习效果。

（3）翻转课堂大大提高了学生学习自由度，学生可以根据自身情况任意选择观看教学视频的地点和时间，把握学习进度和节奏，培养自主学习能力。

（4）信息技术为学生的学习提供了广阔的发展空间，学生信息的获取不再受教师的局限，网络上有丰富的教学内容、优质的教学资源，可拓宽学生的视野，培养学生的综合素质。

（5）网络为学生提供了信息发布、思想交流的平台，学生可以在学习结束后利用网络与同伴进行交流，分享学习经验和解决学习问题。

（6）信息技术实现了资源的共享，充分发挥了集体智慧，制作出更优质的教学资源，一人制作，年级共享，减少教师的工作量。

（7）翻转课堂是建立在信息技术基础上的，学生和教师在实施过程中可以提高运用现代信息技术的能力，提高信息素养。

主题6　学习过程教育技术应用的翻转

一、含义解读

教育技术是育人技术及其创新整合的技术，核心是教学设计技术和课程开发技术。

美国教育传播与技术协会（简称 AECT）在 1994 年发布的有关教育技术的定义是中国普遍认可的教育技术定义：教育技术是关于学习资源和学习过程的设计、开发、利用、管理和评价的理论和实践。其英文原文为：Instructional Technology is the theory and practice of design，development，utilization，management and evaluation of processes and resources for learning.

该定义将教育技术的研究对象表述为关于"学习过程"与"学习资源"的一系列理论与实践问题，改变了以往"教学过程"的提法，体现了现代教学观念从以"教"为中心转向以"学"为中心，从传授知识向发展学生学习能力的重大转变。

学习过程是学习者通过与信息、环境的相互作用获取知识和技能的认知过程，学习资源是学习过程中所要利用的各种信息和环境条件。新的教学理论要求学生由外部刺激的被动接受者转变为能积极进行信息处理的主动学习者，而教师要提供能帮助和促进学生学习的信息资源和学习环境。从 21 世纪社会发展和人类发展的需求出发，建造一个能支持全面学习、自主学习、协作学习、创造学习、终身学习的社会教育大系统。

二、传统的教育技术

传统教学媒体是指在教学中，在教师口头语言的基础上，为更丰富地传递信息而采用的一些简单的媒体材料。诸如：书本、图片、画册、黑板、模型、实物等。传统教学媒体还具有对学生潜移默化的熏陶作用。传统教学媒体使用历史悠久，是无数教育工作者通过开发、实验、积累研究出来的一系列行之有效的工具。传统教学媒体在形象性和信息显示方面却存在着明显的劣势。语言描述、挂图、板书、图表等一类传统教学媒体虽然在一定程度上也能显示事物的空间、时间、运动等特性，但其表现力往往不足而影响了学生的感受。特别是小学生，感性认识、形象思维仍是其主要认知思维方式，传统教学媒体的形象性缺乏和表现力不足，可能直接导致学生认知和思维的缺陷。

1. 传统教学媒体的主要特点

（1）使用简单、方便。

（2）易被接受，使用范围广泛。

（3）价格便宜，对外在的环境要求低。

（4）历史悠久，范围广泛，资源非常丰富。

2.传统教学媒体的局限与价值

（1）思路的局限性。

例如，电路图的分析及等效电路作图，学生的思路实际上是千变万化的，不可能每题都按照教师设计的思路走，特别是等效电路作图，不同的分析，能得出不同的结果，解计算题也是一样的道理，选择的公式不同，学生解题过程是多样的，课件是不能完全涵盖的。

（2）"板演"的好处。

教学中，有很多地方需要学生联系，同桌联系是一种方式，"板演"更是一种大家互相找错，共同提高的好方法，很值得保留推广。比如解电学部分的计算题，学生容易出错，但是"板演"两批人之后，基本上的错误都能暴露在大家面前，提醒大家做的时候注意，提高学生做题的正确性。

（3）板书的优势。

板书在写到另一边的时候，原来的部分还在，往往可以借鉴来解新题，而课件是一页一页的，放下一页的时候，对于学生思路的连续性，实际上等于出现了一个断层，学生只能考虑当前的问题，对于知识的连贯，有待教师的斟酌。比如欧姆定律这节课，可以将欧姆定律的公式和变形式设计在黑板的左边，始终保留，整节课实际上都是围绕这个定律展开的，学生在做课堂练习，没有思路的时候，就可以借鉴一下，开阔思路。

三、翻转后的新教育技术

1.现代教育技术的含义

现代教育技术就是以现代教育思想、理论和方法为基础，以系统论的观点为指导，以现代信息技术为手段的教育技术。现代教育技术是现代教学设计、现代教学媒体和现代媒体教学法的综合体现，是以实现教学过程、教学资源、教学效果、教学效益最优化为目的。

2.现代教育中，"现代"的体现

（1）更多地注意探讨那些与现代科学技术有关的课题。

（2）充分利用众多的现代科技成果，将其作为传播教育信息的媒体，为教育提供丰富的物质基础。

（3）吸收科学和系统思维方法，使教育技术更有时代特色，更科学化、系统化。

3.现代教育技术的特征

教育技术不是一般的某种教学方法的应用，它包含了三种概念（学习者为中心、依靠资源、运用系统方法）综合应用于教育、教学的理论与实践。教育技术重视分析、研究学习者的各种特点（如行为水平、能力、知识基础、年龄特征等），因为学习者的情况对于选择目标、确定步调、确定评价性质等许多教育决策都产生直接影响。在教育技术中，解决问题的表现形式是依靠开发使用学习资源与促进个别化学习来提高人的学习质量。学习资源包括信息、人员、材料（教学媒体软件）、设备（硬件）、技巧和环境，是一个复杂的系统。要使它们在学习中产生整体功能、发挥优良作用，就必须通过进行系统的设计实现优化组合。因此要进行一系列的教育开发工作，如进行有效的教学资源开发和有效的教学过程设计。

教育技术重视所有学习资源或称为人类的学习媒体的开发、应用、管理，其设计融合学习者的学习经验，强调用科学的系统方法来分析和整合"教、学"过程。例如，利用系统方法对教学活动进行设计，经过需求分析、内容分析、学习者分析，制定出可以操作的逐次递进的学习目标，并根据这些学习目标选择适当的策略（过程、方式、媒体），以形成一个完整的教与学的设计方案，并在方案的试行中，进行评价总结，依据需要做必要的调整和修改。这样的系统过程为实现优化教学活动（或学习经验）提供了途径。

可以把教育技术应用于解决教学问题的基本指导思想概括为：以学习者为中心、依靠资源和运用系统方法三个概念的整合应用。其基本的实践原则是首先要鉴定问题，弄清所要解决问题的本质，然后根据问题的实质来研究、设计解决问题的方案。其操作程序是按照系统方法的程序和步骤来实施操作的。

操作过程可分为六个步骤，即鉴定、设计、选择、实施、评价、修改与推广。亦可概括为两个基本环节，鉴定问题和解决问题，即首先确定要解决的是什么性质的问题（或需求），然后再根据问题的性质来寻找解决问题的方案。在应用实践中，对进行的每一步骤还需要运用有关的理论、知识和技术来支持教育开发的系统方法。

四、教育技术应用翻转的案例

下文是一篇名为"现代教育技术在小学语文教学中的应用"的文章。

教育技术一般有两层含义：一是指在教育中应用现代科学技术，如幻灯机、投影仪、电视、计算机等，亦称"现代化教育手段"；二是指在教育领域综合应用科学技术以及教育学、心理学、信息论、控制论、系统论等方面的原理及其方法，它包括教育心理技术、教育信息技术、教育系统技术和教育行政技术等方面。在当前的新课程改革中，也要求教师要革新教育技术，教育要面向现代化，要利用现代的教育技术开展教育与学习。在小学语文教学中应用现代教育技术，可以优化课堂教学，推进新课改的实施。

1. 利于激发学生的学习兴趣

语文是一门基础性非常强的学科，尤其对小学语文教学来说，更为明显。由于学生的欣赏水平等有限，大多数学生对语文的认识就是死记硬背，对其缺乏兴趣，如何提升学生的学习兴趣，让学生真正爱上语文，是摆在我们教师面前的一个难题。通过近些年语文教学的尝试，尤其是借助现代教育技术的新方法、新手段，融入进小学语文教学中，课堂充满生机和活力。

首先，在语文教学的导入上，我运用多媒体精心设计的新课导入形式，创设优化了教学环境，紧紧扣住学生的心弦，把学生带入有趣的教学氛围，激发起学生浓厚的学习兴趣。这也为随后的智力活动提供适宜的背景，创设良好的科学课堂感情境界，激发学生强烈的求知欲，使之由被动接受型学习状态转变为主动的进取型学习状态。例如我在讲《瀑布》一课时，先播放一种声音，让学生猜是什么声音，借以激发学生的学习热情与求知欲望，迅速引领学生把精力集中到课堂。

其次，在讲授过程中，我除了可以利用声音这一媒体，还可以设计好多图文组合，使学生更形象地理解相关的词句，例如还是在《瀑布》一课的讲授中，形容瀑布像珍珠似的帘，就可以找到瀑布图片和珍珠的图片进行比较，把乏味的文字变成图片，生动形象地激发学生的学习热情。就这样，现代教育技术创设的情境，让学生处于一种身临其境的情境中，有助于提高学生学习兴趣，激发求知欲望，调动学习积极性，借以取得较好的教学效果。

2. 利于发挥主体作用

当前的课改要求我们改变以往的教学理念，要转变以往"填鸭式"的教学，要把学生放在教学主体地位上来，"教为主导，学为主体"是一条重要的教学原则。课堂教学中学生是主体，教师的主导作用必须立足于学生主体作用之上，主导作用才能实现。因此，授课过程不宜平铺直叙，教师应根据教学内容和学生心理状态，灵活变化教学方式，在学生容易出现疲劳的时段，采取措施，激发学生的主体意识，营造良好的教学氛围。

利用现代教育技术开展教学，如我们可以充分利用现代教育技术的特点设计各种各样的教学片段，让每一个知识点的传授都能吸引学生的注意力，不过这也要求我们在制作多媒体课件的时候一定要多加思考。如学习《瀑布》一课时，当讲授完课本内容前两部分的时候，学生情绪开始回落，此时我就播放一段有关瀑布的视频，并用视频结合教材内容设疑："大家看了这个视频后，觉得这瀑布的景象怎样？"看到这非常壮观的瀑布景象，同学的心灵再次受到了震撼，求知热情再度被点燃，思维再度活跃，又恢复到了最佳的学习状态。

3. 利于学生变"学会"到"会学"

在知识爆炸的信息时代，要让更多的人获得更多的信息，需要掌握好的学习方法，但好的方法也需要从小养成，在当前的教育中，我们强调"授之以鱼"的同时一定不能忘了"授之以渔"，要让学生变"学会"到"会学"。

利用现代教育技术优化语文教学，不仅可以突出教学重点，突破教学难点，而且可以培养学生的自主学习能力，发展学生的思维能力，从而达到会学的目的。现代教育技术的运用解决了有限的教学时间与不断加大的教学信息之间的主要矛盾。多媒体教学集影像、图形、文字、动画、声效于一体，图文并茂，引人入胜，给学生营造了一种主体的、全面的、动态的学习情境，这也为学生创造性思维的发挥提供了广阔的空间。

主题7　课堂组织形式的翻转

一、含义解读

教学组织形式是指为完成特定的教学任务，教师和学生按一定要求组合起来进行活动的结构。它不是固定不变的东西。教学组织形式同教学方法及整个教学活动模式的关系，决定了教学组织形式的合理与否。在教学史上先后出现的影响较大的教学组织形式有个别教学制、班级授课制、分组教学制、道尔顿制和文纳特卡制等。

二、传统的组织形式

传统的教学组织形式主要是班级授课制。班级授课制又称课堂教学，是按照年龄或程度把学生编成固定人数的班级，由教师按照课程计划统一规定的内容和时数，并按课程表进行教学的组织形式。它是由教师根据固定的授课时间和授课顺序（课程表），根据教学的目的和任务，对全班学生进行连续上课的教学制度。班级授课制的基本特点有以下几点。

1.以"班"为单位开展教学

以"班"为人员单位，按年龄和知识水平分别编成固定的班级，即同一个教学班学生的年龄和受教育程度大致相同，并且人数固定。教师同时对整个班集体进行同样内容的教学。

2.以"课"为单位开展教学

把教学内容以及用多种教学手段、教学方法展开的教学活动，按学科和学年分成许多小的部分，分量不大，大致平衡，彼此连续而又相对完整，这每一小部分内容和教学活动，就叫作一"课"，一课接着一课地进行教学。

3.以"课时"为单位开展教学

把每一"课"规定在固定的单位时间内进行，这单位时间称为"课时"，它可以是50、45、30、25、20、15分钟，但都是统一的和固定的。课与课之间有一定的间歇和休息，从各学科总体而言，可以是单科独进，也可以是多科并进，轮流交替。

三、翻转后的新形式

班级授课制成为中小学最基本的教学组织形式，但人们并没有停止对新的教学组织形式进行翻转与探索。人们一直在努力，试图在保持班级授课制优越性的同时能够有效地克服它的局限性。以教学对象——学生组织为特征的教学组织形式大致有以下几种。

1.个别教学

它包括祭司教学生识字以及后来的封建贵族家庭启用家庭教师进行教学的方式。个别教学一直延续了许多世纪。在我国，个别教学出现的时间很早，持续的时间相当长，延续了数世纪的书塾在教学上就是以个别教学为主要形式的。

个别教学反映出教育规模狭小，受教育的学生人数少，而且年龄层次和知识水平相差悬殊，教师根据不同的水平分别教授一个或几个学生。在古代，这种教学组织形式的特征是教学速度慢，效率低，没有明确或固定的学习年限。通常认为这种教学形式较适合学生人数少的教学要求，明显带有师徒相传的性质。

2.班组教学

也有人称之为"个别—小组教学制"。班组教学作为一种教学组织形式产生于由个别教学向班级教学的过渡时期。班组教学具备了班级教学的某些特征。在这种教学组织形式下，教师（可能不止一名）同时教的是一组学生，班组学生的学习活动和学习课程具有某些共同性，具备了集体学习的特点。但通常班组的学生人数并不是固定的。学生入学和退学较为自由，对学生的年龄、文化程度、学习进度和学习内容也没有明确的统一要求。班组教学为后来的班级教学形式的确立奠定了基础。

3. 班级教学

也称班级教学制或班级授课制。班级教学是在班组教学的基础上发展而来的。通常人们认为我国长时期以来一直存在的由一名教师在同一时间对不同年级学生采取直接教学和自动作业交替的方式进行教学的复式教学是班级教学的变式，它保留了班级教学的基本特征。

4. 分组教学

分组教学是对班级教学的改革。班级教学针对个别教学和班组教学而言，具有无可比拟的优越性。但同时，班级教学的缺点也在其实施过程中不断暴露出来，其中最大的弊端就是在班级教学条件下往往很难做到适应学生的个别差异，对学生因材施教。

5. 开放教学

也称为"开放班级"或"开放课堂"。开放教学的最大特点是放弃了班级教学的形式。在开放教学的形式下，教学无固定的形式和结构。学校和教师都没有固定的教学计划和教材。学生以兴趣为中心，在活动中进行学习；教师的任务是为学生提供学习情境，进行个别辅导，而不直接介入学生的学习活动。所以，从某种意义上讲，开放教学是一种无组织的或组织结构极为松散的教学。开放教学可以促使学生的独立性和创造性外化，促进他们的求知欲，培养他们对教师和整个学校的正确态度以及与同年龄学生和教师的合作能力。它最大的缺陷是无法保证大多数学生获得必备的知识和技能，取得优良的学习成绩。因此，这种教学组织形式的影响范围是有限的。

四、课堂组织形式翻转的案例

下文是一堂小学综合实践课的教学案例。

【活动背景】（略）

【活动目标】（略）

【活动准备】

1. 教师制作多媒体课件，准备活动调查的相关表格。

2. 学生在教师的组织下去宝华山寻找自然保护区内的珍贵植物，认识并观察它们。

【活动过程】

1. 第一阶段

在课题确定之后，我们将用 2 周左右的时间让学生调查自己家乡宝华山中有多少珍贵的植物是他们早就了解的，然后我们将组织学生走进宝华山，亲近宝华山。在自然保护区里，将学生分为若干个学习小组，在老师的带领下观察植物，认识植物。以宝华山上的物种为材料，让学生观察，访问，查找资料，认识、了解宝华山中的珍贵物种。

学生分组，从宝华山回来后形成一系列的调查表格，如有关家乡植物资源的情况调查，去查找文人墨客对宝华山风景赞美的诗篇，如当你了解了我们宝华山里那些植物，你的心情、感受如何，等等。可以翻阅相关书籍，或上网搜索，或向别人请教等，自主搜集资料。同时将采集回来的植物树叶在老师的指导下进行植物辨认，认识树叶的形状，制作成树叶贴花，做成叶脉书签等。

经过一个阶段的学习准备，同学们在校内外展开了广泛的资料搜集。为了有效利用起网络，使之成为同学们简便、快捷的资料查询方式，我还对孩子进行基本理论的培训，如用搜索站点搜索关键词的方法查找相关资料，对获取资料进行复制、整理、打印，制作表格等。

给学生充分准备的时间，一个月左右把资料拿到课堂上来，引导学生互相交流，表扬资料搜集得好的学生，同时也给其他做得不足的同学一个学习范例，补充自己整理搜集的相关资料。

2. 第二阶段

下面以一节课的过程勾勒为例（第一节课，以交流资料，了解植物为主）。

（1）创设情境，赏一赏。

①展示家乡宝华山美丽的自然风光图：欣赏着美丽的自然风光，你有什么样的感受和体验？

②把你拍摄的照片与大家分享。

（2）自主合作，说一说（说说宝华山中珍贵的植物种群）。

①物华天宝——宝华山自然保护区。

1984 年，江苏省人民政府把宝华山辟为自然保护区，是江苏省 7 个自然保护区之一，已载入《中国百科年鉴》。1996 年被列为国家级森林公园，使珍贵的植物资源得到了十分妥善的保护。因为植被保护得好，加之隆昌寺被 36 座山峰所包围，在山的任何一面都看不见寺庙的影踪，只能远远地听到晨钟暮鼓的声音。

宝华山地带性植被保存完好，据初步统计，仅维管束植物就有 124 科、352

属、529 种，其中种子植物的种数为欧洲种子植物种数的 1/4。其中，宝华玉兰、糯米椴、三页漆、紫檀、南京椴为特有树种，是 300 万年前的新生代残留至今的植物。有刚竹、水竹、苦竹、短穗竹等野生品种，称之为"竹海"。地带性植被中，落叶成分为青冈栎、苦槠、冬青、紫楠等，毛竹、油桐等，栽培历史悠久。

②资料链接。

宝华山在 1984 年被江苏省人民政府确定为宝华山省级自然保护区；1996 年 4 月被批准为国家级森林公园；2003 年后又被评为国家 AAAA 级景区，现为"国家 4A 级森林公园"。

③说一说。

你在自然保护区内的见闻；植物的习性。

④重点认识"宝华玉兰"。

第一，讲解宝华玉兰的发现过程。1932 年，我国著名的植物学家郑万钧来宝华山考察时发现了它，并定名为"宝华玉兰"。

第二，栽培种植情况。此树种至 1980 年全县只剩母树 26 棵，濒临灭绝。近年来，在人工精心培育下，已有苗木数万棵。如今，宝华玉兰已走出宝华山，在大江南北的许多城镇安家落户。宝华玉兰是宝华山镇山之宝，落叶小乔木，每年早春二月，于春寒料峭中先开花，后发叶。花朵多而大，形状如莲。花瓣白色，莹若冰雪，基部紫红色，花香浓郁。叶为悬胆形，树皮灰白色。花谢结籽，满树翠叶，至冬落尽。其籽艳如红玛瑙，被紧裹于长条形灰色外皮花房室内。宝华玉兰木材大都通直细致，是良好用材；其花还可制香精和作药用、食用。

第三，美文欣赏。多么勇敢的宝华玉兰呀！为了迎接百花盛开的春天，不畏早春二月的料峭寒风，等不及长叶，便绽开一树鲜花。多么美丽的宝华玉兰呀！如莲的花朵，洁白的花瓣，微紫的基部，艳红的花丝，淡淡的幽香。多么谦虚的宝华玉兰呀！待到春光明媚时，身披绿装，含笑不语，甘心扶持烂漫的山花。多么朴实的宝华玉兰呀！到秋天结出一串串葡萄般的鲜红种子，耀眼夺目，为秋色增添了光彩。

第四，说说我们的身边有"玉兰"精神的人。

3. 第三阶段

利用节假日开展假日小队活动，用实际行动宣传我们宝华山上丰富的、珍贵的植物资源，宣传我们宝华山的优美风光。

【交流与总结】

（1）同学们登山研究植物的活动图片及采集的树叶等资料与大家交流。

（2）有诗为证：交流搜集来的赞美宝华山风景的诗歌等。

（3）做树叶贴画。

（4）制作叶脉书签（事先在家做好），和大家交流。

（5）创意设计导游词。

【活动评析】

综合实践过程的重点，要突出综合性、实践性、活动性、生成性、开放性和自主性等特点。

（1）在活动前的准备上应大下工夫。

我们的学生尽管生活在宝华山脚下，但对宝华山的了解仅限于感性认识，在活动准备时，带领学生研究每一种植物特性，指导学生设计好表格、搜集资料，整理资料，汇总资料，指导学生做树叶贴画，做叶脉书签。

（2）利用激情导入，让学生感受现在的风景之美。

让学生交流自己调查的心得，然后重点指导学生认识宝华山上的珍稀物种——宝华玉兰，同学们分组合作展示自己的才能，赞美宝华山，然后走向街头、走向社区，让更多的人了解我们的宝华山。通过活动，同学们锻炼了能力，丰富了见识，增长了知识，受到了美的熏陶。

（3）生活即教育，社会即学校。

在应试教育中，我们过分地强调学校的教育功能，一方面长期将学生囿于一个狭小的空间，与社会、与生活脱离，另一方面又抱怨学生没有社会责任感，缺乏能力，不能用所学知识为社会服务。这是基础教育课程改革面临的主要问题，综合实践课程的开设为学生争取了一个机会，开辟了一片天地，使他们能走出校门、走出课堂、走向生活、走向社会。

主题 8　评价方式的翻转

一、含义解读

教学评价是依据教学目标对教学过程及结果进行价值判断并为教学决策服务的活动。教学评价是研究教师的教和学生的学的价值的过程。教学评价一般包括对教学过程中教师、学生、教学内容、教学方法手段、教学环境、教学管理诸因素的评价，但主要是对学生学习效果的评价和教师教学工作过程的评价。教学评价有两个核心环节：对教师教学工作（教学设计、组织、实施等）的评价——教师教学评估（课堂、课外）、对学生学习效果的评价——即考试与测验。评价的方法主要有量化评价和质性评价。

二、传统的评价方式

1. 传统教学评价方式的特点

传统的评价基本上是一种总结性学习终端评价，它以甄别学生对知识掌握的水平与选拔优秀学生为导向，是一种教师、教育主管部门、考试机构等自上而下对学生的"定性"评价，只注重学生最终对知识的掌握程度，评价内容统一、评价标准统一。

2. 传统教学评价方式的优点

能够准确地评价学生对某一规定范围内的知识的掌握程度，将接受评价的所有对象按照"对某一部分知识内容的掌握程度"从高到低进行甄别性排列。正是这种优点，长期以来，这种教学评价方式被广泛应用于教师对学生学习成功与否的判断、学校对教师教学成功与否的判断、上级教育主管部门对学校教学质量高低的判断、各级学校在招生工作中对学生优劣的判断。

3. 传统课堂教学评价的误区

课堂教学评价作为一种充分发挥管理效能，促进教学，深化改革的重要手段，作为一种为教学决策服务的活动，越来越受到学校的重视，各方面都在研究实践。可在实施的过程中，不少课堂教学评价不自觉地步入了以下误区，实在有"导"的必要。

（1）课堂教学评价重"教"轻"学"。

不少课堂教学评估量表评价的一级指标有这样一些项目：教学目的、教学内容、教学方法、教学基本功、教学效果、创新特色。从评价的二级指标来看，除了"教学效果"一栏涉及"学"以外（可权重值很低），其他各项几乎不涉及"学"或很少涉及"学"。究其原因，仍然是教学的观念问题。在不少人心目中，"教"仍是课堂的重心，作为课堂教学评价自然应首重"教"，"学"很少顾及。其实，未来的教育归根结底是"人"的教育，课堂教学的中心是学生，重心是"学"，"教"要为"学"服务。

（2）课堂教学评价重"一统性"，轻"学科性"。

不少农村中学的课堂教学评价量化表不分学科、不分课型，呈"一统性"，而不具备"学科性"，不符合各学科的教学实际，不符合各类课型的课堂状况，教学评价不易操作，效果不佳。

（3）课堂教学评价重"证明"，轻"改进"。

不少课堂教学评价目的不明，只重"证明"（以此说明某人教学的优劣，教学效果的好坏），似乎课堂教学评价仅是为了鉴别、甄选，不知道评价的主要目的在于"改进"，在于为教学决策提供依据，并改进教学服务。不少课堂教学评估量化表缺少"简要评语"和"改进意见"重要两栏。

（4）课堂教学评价重"他评"，轻"自评"。

大多数农村中学只重"他评"（包括学生对课堂教学的评价），不大重视教师的"自评"和学生的"自评"。其实，教学评价理论告诉我们，教学评价既包括外部机构组织对教学系统的检查评判，也包括学校、教师和学生的自我评价。自我评价实际上是一种形成性评价，利于自我调节，自我完善，它与"他评"结合，能最大限度地产生评价效应。

（5）课堂教学评价重"结果"，轻"过程"。

课堂教学评价只重会考、高考等重要考试结果，不注重教学过程的评价，不注重教学活动进行的具体程序或环节的评价。这实际上是应试教育观念在作祟。只重视"结果"评价，不重视"过程"评价，不利于检查教学活动中的缺点或差距（指教学程序或环节与实际实施之间的矛盾、差距），不利于教学的调整，不利于教学活动的达标。

三、翻转后的新方式

现代教学评价方式的特点：现代教学评价方式是一种多元评价。其评价主体多元化，从单向转为多向；评价主体间的互动性高，强调被评价者成为评价主体中的一员；建立学生、教师、家长、管理者等共同参与、交互作用的评价制度，以多渠道的反馈信息促进被评价者的发展，并使学生在学习过程中完成动态评价；注重质性评价与量化评价的结合运用；在教学评价中广泛应用一些新的评价手段（如电子档案袋、量规、概念图、学习契约、范例展示等）。

评价学生是教师的责任。教师的每一句话，每一个眼神，每一个动作，表示出的各种态度，不仅会作用于学生的一时，有时甚至会影响他们的一生。那么，在教学中应如何科学有效地评价学生呢？

1.评价要全面周到、科学客观

首先，教师要有一个正确的人才观和质量观。评价一个学生，不能只看他的学习分数，还要看他的学习态度，而且要观察他的学习方法、学习习惯以及心理状态。

其次，收集信息要全面客观。要全面了解情况，防止"先入为主""第一印象"等认知偏差的干扰，不要仅凭一两次测验分数，就对学生做出最后的结论，甚至形成对学生的偏见或成见。

2.评价要以激励为主

教师对学生进行评价的目的是为帮助他们更好的发展。因此，评价方式必须服从评价目的，即教师通过评价增强学生的自尊心、自信心，鼓励学生发展主动性与自觉性，激励他们不断上进。教师评价的鼓励性可以通过言语、表情、行为等多种方式来体现，即使运用分数这一传统方式进行评价，也可以充分发挥其鼓励作用。如对考试分数采取特殊处理方式（如借分），就收到了良好的效果，其根本原因就在于这一处理方式很好地体现了评价的鼓励性原则。

3.评价要注重发挥学生主体作用

教学评价不能只局限于教师对学生的评价，还应增加学生与学生之间进行的评价以及学生的自我评价。教师不能唱独角戏，要想方设法让学生参与进来，让他们来评价他人，或作自我评价，这几种方式如果能有机结合起来，对于我们的课堂教学一定会起到促进作用。

4.评价要恰当适度

给孩子恰如其分的评价，适度表扬，学生则能真正体会到自己的成功之处是值得肯定和鼓励的。学生获得的表扬不是教师随口应付的，而是教师对学生成绩的肯定。这样恰当的评价，才会对学生有真正的激励性和鞭策性。

5.评价要有发展性

教师要用发展的眼光和标准来评价学生。在对学生进行评价时，切忌用僵化、固定的眼光来看待他们，要看到他们的努力、看到他们每点进步和变化并及时肯定。在评价标准掌握上，要有一定的相对性。

四、评价方式翻转的案例

下文为"教师如何有效地进行课堂教学评价"的案例。

综合学科利用本周四教研时间，让大家对关于"教师如何有效地进行课堂教学反馈"这一问题进行了比较深入的探讨。鉴于综合学科的特点，我们把重点放在教师如何有效地对学生课堂反馈进行即时评价。因为即时评价集收集信息、做出判断、反馈三个环节于一体的快速评价，是对教师的教育观念、教学能力和语言艺术提出挑战；且即时评价又是综合学科最为主要的反馈形式，它直接推动着教学过程的开展，是促进学生向前发展的手段。

我们选择一堂科学录像课，通过听课、整理课堂实录，针对课堂中教师的即时评价和教学效果进行细致的探讨。大部分教师通过案例的描述与分析对本堂课中的教学反馈进行了评议和思考，下面把各位教师的评议整理如下。

1. 教学片段一

生1：把面粉放入水中，水一下子就变白了，说明面粉溶解在了水中，但是它和盐不一样，盐在溶解后看不见了，而面粉还能看见。

师：你的意思是什么？你们听懂他的意思了吗？谁能帮他补充一下？

生2：可能还有大块的面粉在水中没有溶化。

师：同学们一会儿说溶解、一会儿说溶化，到底是什么？

生齐：溶解。

师：面粉在水中到底有没有溶解？你的根据是什么？

生2：我认为面粉溶解了，因为水变白了。原来水是没有颜色的，现在变白了，说明面粉溶解了。

师：还有没有别的意见？

生3：我认为面粉没有溶解，如果你对着光的话，还能看见面粉颗粒在水中，而刚才盐溶解后看不见盐的颗粒。

师：现在有两种意见，都有道理。那么谁正确呢？让我们来比较一下这三杯混合物，看看面粉、沙、盐在水中的现象是否相同？

【李老师评析】

在这个教学片段中，学生1的回答描述了他所看到的现象，并做出了一定的判断结论。教师在这个时候并没有直接给出判断，而是反问其他学生一个问题，给其他学生机会进一步说明他们所观察到的现象，同时给一些反应程度和理解程度较慢的学生一个思考的空间。这样既调动了学生的主体性、创造性，又保留了学生富有现实意义的思维，更给其他学生的思路进行高一层的点拨。

当学生2的回答中出现了概念错误时，教师没有立即做出评判"你错了"，而是调动全体学生的力量对学生2进行了纠正。这样的评价方式让发言的学生感觉到教师对他的肯定和尊重，让学生在课堂上感觉处在民主、平等、宽容的教学氛围之中。

学生3的回答中带有个人意见成分，也许其他学生会有不同意见。在这种情况下，教师在评价时以学生的低级认识为起点，以高级认识为重点，引出了下一个教学环节，请学生自己通过实验来对自己的想法进行验证。这样就可以不至于在低层次思维上机械重复，而是一环紧扣一环地引导学生向较高水平的思维层次递进，从而渗透一般的科学思想方法和解决问题的方法，引导学生在"学会"的过程中向"会学"迈进。

2.教学片段二

背景：教师给学生准备了一小包食盐和一小包沙，告诉学生"你们想了解沙和盐放入水中会有什么样的变化吗？它们的变化有什么不同？请同学们从塑料水槽中取出两杯水、沙和食盐，请你们仔细观察沙和食盐在水中会有什么变化"。

小组活动后进行汇报。

师：有的组不停地在搅拌，那你能观察到什么？

师：我看大家都有好多发现，那我们一起来听一听。

生：我们不停地搅，后来盐不见了，沙子还在。

生：有少许轻一点的沙子浮在水面上，其他都沉到水底了；盐不是一放下去就溶解的，要过一会儿才溶解。

生：放沙子的水稍微变得脏了一点。

师：还有没有其他的发现？

生：我们没有搅拌，盐溶解得很慢。有一些已经溶解了，还有一些沉在水底，我相信过一会儿它就会溶解。

师：你们都说盐溶解了，那谁能把大家说的汇总一下，哪些现象说明盐溶解了？

生：水好像变清了。

生：盐一会儿就不见了，搅拌的时候没去注意它，再看的时候一点儿都没有了。

生：可以证明盐溶解了，只要尝一下水变咸了，说明盐已经充分溶解在水中了。

师：大家都认为盐在水中看不见了，水变咸了，说明盐在水里溶解了。

师板书：看不见、溶解。

师：那么沙溶解了吗？（生齐答：没溶解）你的判断标准是什么？

生：沙子在没有放之前是一粒粒的，放入水中后，搅拌了很长时间还是一粒粒的。

师：没有变化。最后怎么样？（下面有学生说：沉到水底）沉到水底。

【王老师评析】

有经验的教师，课堂反馈总是以低级认识为起点，以高级认识为重点，这样就不至于在低层次思维上机械重复，而是一环紧扣一环地引导学生向较高水平的思维层次递进，从而渗透一般的科学思想方法和解决问题的方法，引导学生在"学会"的过程中向"会学"迈进。在上面的课例中就是教师对学生学习行为进行的发展式课堂反馈。通过沙和食盐在水中显著不同的变化，充分调动学生原有的对溶解现象的认识和"理解"。比较直观地、确定地使学生体验到沙在水中没有溶解，而食盐已经溶解了，初步形成溶解的概念。教师的反馈使学生经历对观察结果的简单整理、概括的活动过程，经历一个概念获得的过程。

3．教学片段三

师：现在有不同意见，有的说面粉溶解了，有的说面粉没有溶解，还有的说面粉一部分溶解了，还有一部分没有溶解。那么怎么办呢?

生：做实验证明。

师：怎么证明?

生：就放在这里。

师：放置一会儿，看面粉颗粒会不会沉下来。那么面粉颗粒和盐颗粒在水中到底有什么变化? 我们能不能想个方法把这些颗粒从水里拿出来。如果从水里拿出来，那我们就可以知道它在水中到底有没有变。

生：在酒精灯上烧一烧，水蒸发后就看到这些颗粒了。

生：我有不同的意见，如果面粉和盐在水中充分溶解的话，水蒸发后什么也看不到了。

【金老师评析】

我觉得科学课是用科学的实验来证明一个观点的正确或错误，所以我对上面这一环节有点自己的意见，不知能否供大家参考一下? 在上面，学生提出了两个可检验面粉和盐在水中有没有变化的方法。一位学生说可用烧的方法，而另一个学生又否定了这一方法，说只要在火中一烧就会什么也看不见。其实我觉得这很可能是这堂课让学生真正实践起来的一个契机，在这一环节教师是不是可以将这个问题抛给学生，让他们去探究? 或者用科学的方法给予评价?

专题三

"小"微课翻转"大"课堂

微课教学是课堂教学的一种新形式，能给学生一个自主发挥的平台，可以使教学中存在的问题重复复习，便于教师的教和学生的学，微课内容可随时查阅和修正，能进一步提升教师的专业水平。总之，"小"微课翻转了"大"课堂。

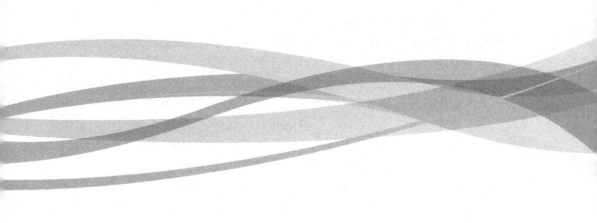

主题1　什么是微课教学

"微课"，通常译为"Micro courses""Micro – lesson""Mini – lesson""Mini courses""Small lecture"等等。

一、微课教学研究的意义

1.微课教学是课堂教学的一种新形式

微课教学是电教化教学手段运用的需要，是课堂教学的一种新形式。计算机技术在教学中的运用与以往的单纯的口讲手书的教学模式相比，其课堂容量大、教学内容易于展示、教学重难点直观、课堂教学手段也变得多姿多彩。微课的出现不仅打破了传统的教学模式，教师的工作也已不再是简单地把书本上的知识内容教给学生，而是要在教学过程中使学生体会到学习的乐趣，使其觉得所学的知识易于掌握、难点容易解决，使课堂变成趣味的课堂。微课就是把大问题转化为一个个小问题，把复杂的问题转化为一个个简单的问题，使学生乐学，乐于接受这种教学模式。

2.微课教学能给学生一个自主发挥的平台

微课教学使教学中存在的经常性问题明了化，给学生提供一个自主发挥的平台。在教学中，学生一节课集中注意力的时间是有限的，有时教师在讲一个重难点的时候，学生注意力可能会不集中，或对某些知识点一知半解、理解不透彻，就会造成其作业中的失误和考试的失误。微课可以让学生把易错、易混点集中反馈给教师，然后由教师制成微课，以微课的形式把一个个易错、易混的问题展现给学生。学生会在不知不觉中发挥主动性，也提高了学习的兴趣。

3.微课教学可以重复复习教学中存在的问题

特别是对于教学中的重点难点，它能使学生加深理解和巩固。掌握知识的一种很好的方法，就是重复记忆。要使学生学习一次就把知识点掌握牢固，基本上是不可能的。学生必须把一个知识点多读多看多记几次，才能理解透彻，掌握牢固。微课就解决了这个问题。微课只讲述一个教学知识点，学习的重点、难点或易错点。学生可以在课堂上观看微课，也可以把微课课件带回家，反复观看，做到温故而知新。

4.微课教学便于教师的教和学生的学

教师在教学中，备课备得再好，课堂环节设计得再完美，但是有些问题，学生可能还是迷惑不解。那么，教师可以把在教学实践中出现的易混、易错点提前制成微课件，问题逐个在课堂上给学生展示出来。这样教师不仅可以更轻松地驾驭课堂，学生也会加深对这些知识点的理解和巩固。

5.微课内容能长时间保存，可随时查阅和修正

现在很多学校提倡使用错题本。纠错的微课不仅有错题本的作用，而且有更多的优点和长处。微课课件可以复制，可以面对全体学生；学生知识中常出现的问题通过微课可以实现资源共享；微课课件也能长期保存，不必担心遗失或是笔迹不清的问题；哪一点不清楚的话，可以随时改正；携带也很方便，可以在家，也可以在校随时观看。

6.微课教学能进一步提升教师的专业水平

微课促使教师更精心的备课，对教学中常出现的重要知识点进一步理解巩固，教学设计也要求更高。教师在教授微课的过程中，经历着"实践—研究—反思—再实践—再研究—再反思"的循序渐进、螺旋上升的过程，其教学和研究水平也在不断提升。微课，最终让教师从习惯的细节中追问、发现、思考、改革，由学习者变为开发者和创造者。微课也更快地让教师掌握现代信息技术，并跟上时代的步伐。

二、"微课"的内容

"微课"的核心组成内容是课堂教学视频（课例片段），同时还包含与该教学主题相关的教学设计、素材课件、教学反思、练习测试、学生反馈、教师点评等辅助性教学资源。它们以一定的组织关系和呈现方式共同"营造"了一个半结构化、主题式的资源单元应用"小环境"。因此，"微课"是一种既有别于传统单一资源类型的教学课例、教学课件、教学设计、教学反思等教学资源，又是在其基础上继承和发展起来的一种新型教学资源。

三、"微课"的主要特点

1.教学时间较短

教学视频是微课的核心组成内容。根据中小学生的认知特点和学习规律，"微课"的时长一般为 5~8 分钟，最长不宜超过 10 分钟。因此，相对于传统的

40 或 45 分钟一节课的教学课例来说，"微课"可以称之为"课例片段"或"微课例"。

2. 教学内容较少

相对于较宽泛的传统课堂，"微课"的问题聚集、主题突出，更适合教师的需要。"微课"主要是为了突出课堂教学中某个学科知识点，如教学中重点、难点、疑点内容的教学，或是反映课堂中某个教学环节、教学主题的教与学的活动。相对于一节传统课要完成的众多复杂的教学内容，"微课"的内容更加精简，因此又可以称为"微课堂"。

3. 资源容量较小

从大小上来说，"微课"视频及配套辅助资源的总容量一般在几十兆左右，视频格式须是支持网络在线播放的流媒体格式，如".rm"".wmv"".flv"等，师生可流畅地在线观摩课例，查看教案、课件等辅助资源；也可灵活方便地将其下载保存到终端设备，如笔记本电脑、手机、MP4 上，实现移动学习、"泛在学习"，非常适合教师的观摩、评课、反思和研究。

4. 资源使用方便

"微课"资源的组成、结构、构成是"情景化"的，资源使用方便。"微课"选取的教学内容一般要求主题突出、指向明确、相对完整。它以教学视频片段为主线"统整"教学设计（包括教案或学案）、课堂教学时使用到的多媒体素材和课件、教师课后的教学反思、学生的反馈意见及学科专家的文字点评等相关教学资源，构成了一个主题鲜明、类型多样、结构紧凑的"主题单元资源包"，营造了一个真实的"微教学资源环境"。这使得"微课"资源具有视频教学案例的特征。广大教师和学生在这种真实的、具体的、典型案例化的教与学情境中可易于实现"隐性知识""默会知识"等高阶思维能力的学习，并实现教学观念、技能、风格的模仿，迁移和提升，从而迅速提升教师的课堂教学水平，促进教师的专业成长，提高学生学业水平。就学校教育而言，微课不仅成为教师和学生的重要教育资源，而且也构成了学校教育教学模式改革的基础。

5. 主题突出、内容具体

一个课程就是一个主题，或者说一个课程一个事。研究的问题来源于教育教学具体实践中的具体问题，或是生活思考，或是教学反思，或是难点突破，或是重点强调，或是学习策略，或是教学方法、教育教学观点等具体的、真实的、自己或与同伴可以解决的问题。

6. 草根研究、趣味创作

正因为课程内容的微小，所以人人都可以成为课程的研发者。正因为课程的使用对象是教师和学生，课程研发的目的是将教学内容、教学目标、教学手段紧密地联系起来，是"为了教学、在教学中、通过教学"，而不是去验证理论、推演理论，所以决定了研发内容一定是教师自己熟悉的、感兴趣的、有能力解决的问题。

7. 成果简化、多样传播

因为内容具体、主题突出，所以研究内容容易表达、研究成果容易转化。因为课程容量微小、用时简短，所以传播形式多样，包括网上视频、手机传播、微博讨论等。

8. 反馈及时、针对性强

由于在较短的时间内集中开展"无生上课"活动，参加者能及时听到他人对自己教学行为的评价，获得反馈信息。较之常态的听课、评课活动，它"现炒现卖"，具有即时性。由于是课前的组内"预演"，人人参与、互相学习、互相帮助、共同提高，在一定程度上减轻了教师的心理压力，不会担心教学的"失败"，不会顾虑评价的"得罪人"，较之常态的评课就会更加客观。

近年来，随着翻转课堂、可汗学院等新概念的普及，微课教学受到教师和学校管理者的高度重视。微课在全国各地迅速成为教育界关注的热点。

主题 2   如何设计微课程

一、微课程设计的步骤

微课程的设计，像建造大楼一样，需要从设计到施工，按照流程进行工作。一般而言，微课程的开发流程包括选题、设计、教学准备、录制视频、后期加工、反思修改和上传平台七个步骤（如图所示）。

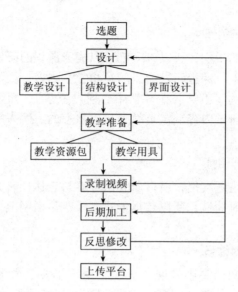

二、微课程设计的要求

微课程的设计有很多要求，从视觉、听觉上要舒服；从网络技术上讲，文件越小越好，要求 PPT 课件简洁大方，声音要清晰响亮；从网络用户习惯上讲，希望能精确搜索，要求微课名称要包含知识点，体现适用对象；从学习者角度来看，微课设计要求简单易懂更好。

所以前期的微课设计、简洁大方的 PPT 制作、主题明确的微课名称建立、有信息提供的片头添加、有逻辑的正文内容导入、有引导性的片尾设置等，这些都是微课程创作的重要组成部分。

微课程作为一种新型的教学模式和学习方式，在设计团队中要增加学生参与，听取学生的意见和建议。"微课"设计更应关注"学"的功能，发挥学生在微课程中的个性化学习的作用，不能脱离学生"学"的要求。

三、微课程设计的具体方法

1.微教学方案设计

教学设计应反映教师教学思想、课程设计思路和教学特色，包括教学背景、教学目标、教学方法和教学总结等方面的内容，并在开头注明讲课内容所属学科、专业、课程及适用对象等信息。

教学方案围绕选题设计，突出重点，注重实效；教学目的明确，教学思路清晰，注重学生全面发展；教学内容严谨充实，无科学性、政策性错误，能理论联系实际，反映社会和学科发展；教学组织与编排符合学生的认知规律；教学过程主线清晰、重点突出、逻辑性强、明了易懂；注重突出学生的主体性以及教与学活动的有机结合。

教学策略选择正确，注重调动学生的学习积极性和创造性思维能力，能根据教学需求选用灵活适当的教学方法。信息技术手段运用合理，正确选择使用各种教学媒体，有良好的教学辅助效果。

2.微教学过程设计

切入课题设计要迅速，不能在导入环节上"绕圈子"，要力求做到新颖独到、引人注目；讲授线索要清晰，在微型课的讲授设计中，要尽可能只有一条线索，在这一条线索上突出重点内容，着重进行主干知识的讲解与剖析，在有限的时间内，圆满完成课题所规定的教学任务；教师教学语言规范、清晰，富有感染力，仪表得当，能展现良好的教学风貌和个人魅力；课堂板书设计要简约，要精心设计板书内容，文字量要恰到好处；微型课的结尾要对一节课的教学要进行提纲挈领的归纳和总结，使微型课的课堂结构趋于完整。

3.微教学课件设计

微课件是指在微课教学过程中所用到的多媒体教学课件等。课件的学习活动设计应包括确定活动的学习目标，设计活动的具体任务，确定学习活动的流程，制订学习活动的规则。其中，活动目标是分层次的，既有低级目标，又有高级目标；活动任务是设计的核心，应该是基于情境的或者是基于问题的；活动流程是完成学习活动的顺序和进度；活动规则包括活动的监管规则和评价规则。

4.微教学练习设计

微教学练习是根据微课教学内容而设计的练习测试题目，建议提交多种类型的习题。可以通过练习或测试帮助学生巩固知识点，从而根据效果及时调整教学，提高教学质量，也可以通过这样的练习或测试对学生进行考评。学生既可以通过章节练习或测试更好地理解课程，及时了解自己的不足，进行针对性的学习，也可以通过这样的方式达到温故知新。

5.微教学反思设计

微教学反思是指执教者在微课教学活动之后的体会、反思、改进措施等。根据实际教学的效果，反思活动设计是否合理？有哪些方面需要改进？对教育教学实践的再认识、再思考，并以此总结经验教训，进一步提高教育教学水平。很多教师通过教育案例、教育故事、教育心得等提高教学反思的质量。

主题3　微课制作模式与技术准备

　　微课是信息技术与教育教学融合的产物，信息技术的发展也为微课提供了多元化的表现形式。目前，微课制作软件种类繁多、功能各具特色，不管是简单的PPT还是专业化的工具软件，都能助你轻松制作微课视频，使你的微课作品大放异彩。

一、常见的微课制作方法

　　1. 现有的课例加工（视频的转录、切片、合成、字幕处理等）。

　　2. 摄像机拍摄（DV 录像机 + 白板）。

　　3. 数码手机拍摄（手机 + 白纸）。

　　4. 录屏软件录制（屏幕录制软件 + PPT）。

　　5. 可汗学院模式（录屏录制软件 + 手写板 + 画图工具）。

　　6. 用 iPad 录制（iPad + 录制软件）。

　　7. 录播教室录制（全自动录播系统）。

　　8. 摄像工具录制（摄像机前期拍摄 + 后期非线性编辑）。

　　9. 专用软件制作（运用 Flash、PPT、几何画板等软件制作 + 配音）。

二、常用的微课制作软件

1. 利用 PowerPoint 制作微课

　　PowerPoint 不仅可以制作幻灯片，利用它自带的屏幕录制功能还可以实现微课制作。利用此软件录制微课步骤较为简单。

　　首先，需要制作用来演示的 PPT 文件，可以通过添加图片、声音、动画等媒体元素增加微课的趣味性。

　　其次，开启"录制幻灯片演示"功能。此时，放映幻灯片的同时进行知识点讲解，讲解过程会被全部录制，若不满意还可以从指定的幻灯片重新开始录制。

　　最后，将幻灯片文件导出为 MP4 或 WMV 视频格式即可。

2. 利用 Camtasia Studio 制作微课

Camtasia Studio 是一款专业屏幕录像及视频编辑的软件。使用该软件可以轻松实现屏幕操作的录制，并能进行同步配音。当屏幕录制完成后，教师还可以为视频添加字幕、图示、转场等效果，对视频进行后期剪辑。值得一提的是，Camtasia Studio 中还可以添加测试，当学习者观看视频到某一时间时，就可以通过简单的练习题来检验之前的学习效果，大大提高视频的交互性。

3. 利用手机 APP 制作微课

随着互联网的发展和移动设备的普及，越来越多的教师及学生尝试使用手机进行教学与学习，与传统"手机＋白纸"拍摄制作微课的方式不同，手机 APP 可以帮助教师直接在手机上制作微课，制作方法简单易行，制作完成的微课质量也不容小觑。能够用手机制作微课的 APP 有很多，例如"快讲""彩视""短片大师"等，它们不仅能实现视频录制，还可以添加媒体元素并进行后期编辑。

4. 利用平板电脑 APP 制作微课

在手机上可以利用"快讲"应用程序等制作微课。同样，在平板电脑上，也可以利用 Explain Everything 制作属于自己的微课。利用 Explain Everything 可以围绕微课主题，导入相应的图片、视频、音频等，可以添加文字及标记注释，还可以添加多张幻灯片，并录制成微课，生成多种格式的文件，供学生进行个性化学习。

5. 利用 EasySketchPro 制作微课

EasySketchPro 是一款手绘动画制作软件，与 PPT 等演示工具不同，EasySketchPro 通过动画展示方式呈现信息，将可视化对象用画笔形式勾勒出来，可以让观众看到虚拟的手势及笔触，让信息的表达方式更生动有趣，增加了视频的真实感。

6. 利用 Storyline 制作微课

Storyline 是交互式课件制作工具，它具有丰富的图像资源、强大的交互功能、直观的操作界面，能够快速实现添加测试、录制屏幕、拖放交互等功能。利用 Storyline 制作的微课不仅能够让学生通过观看视频进行学习，还可以通过具有交互功能的测试练习来增加学习的趣味性，提高学生的积极性。

7. 利用 Focusky 制作微课

Focusky 是一款简单易学的演示制作软件，其多样的切换方式、丰富的动画效果是制作炫酷式微课的不二之选。Focusky 突破传统幻灯片的线性演示方式，具有 3D 动态演示效果。无限的画布允许内容无限制地扩展到任意范围。滚动鼠标即可实现对画布的放大与缩小。3D 无限缩放、旋转、移动，使演示生动有趣，内容逻辑清晰。除此之外，Focusky 可创建思维导图风格的幻灯片或导入 PPT 课件。

用 Focusky 制作好的课件有六种输出格式，可以生成网页格式，上传到互联网上；也可以生成视频，直接供学生观看；还可以输出为 EXE 可执行程序；等等。

主题 4 如何进行微课选题与设计

一、如何进行微课的选题与设计

1. 微课的选题标准

微课的选题是微课制作关键的一环，良好的选题可以使讲解、录制事半功倍，不好的选题会使微课变得平凡乃至平庸。

（1）教学中的重点、难点。

一节微课一般讲授一个知识点，对于这个知识点的选择关乎知识结构的设计。把教学中的重点、难点制作成微课是一个较好的选择，较为符合微课制作的初衷。

（2）要适合多媒体表达。

微课作为一种媒体内容的设计要适合使用多媒体的特性，对于不适合使用多媒体表达的内容进行制作，其结果也许是徒劳的。因为使用黑板教学或进行活动实践的教学效果也许更好，同时也会使教学过程平庸无奇，令观看者失去学习的欲望。因而微课选题要适合使用多媒体表达，适合加入丰富的图形图像、多姿的动画，声色兼有的视频。

2. 微课的设计标准

微课虽然只有短短的数分钟，但是也需要进行良好的教学设计。良好的微课应该是井然有序的，杂乱无章而随意的微课是与微课理念背道而驰的。

（1）适合教学对象。

不同学科的微课对应不同知识能力的学生，微课不但应有学科、学段的区别，同时还要同一学科不同学段适应不同水平的学生，比如同一个数学知识点，对于不同水平的学生，传授的方法乃至内容应该有差异，需要进行个别化教学，这也是符合微课理念的。

（2）符合认知过程。

良好的微课设计应该是循序渐进的，不能跳跃式发展。不同年龄段的学生，认知方式是大有差异的。对于低年龄儿童，具体的知识他们更容易接受，比如图画、视频等等；对于中学生，认知方式已经发展为更易接受抽象的知识，可以给予学生想象思考的空间。比如高中语文，可以进行更多的情境陶冶，对于低年级的儿童，情境陶冶也许就会分散注意力。

停顿，对于低年级学生是不太需要的，而对于高年级学生，适当的停顿是非常必要的，此时的学生进行知识灌输显然是低效的，进行知识的自我思考才是高效而有建设性的。

如果学习的对象是教师，由于其记忆能力下降，可能需要多次的重复才能牢记，同时由于观念的固化，接受新事物有一定的缓冲过程。在陈述内容、观点时，转折应适当圆滑、缓慢。

（3）微课教学效果。

能有效解决实际教学问题，具有针对性的解惑、启惑，能调动学习者学习的主动性、积极性。

3. 微课的具体设计

微课设计是微课程设计过程中最关键的一环，它是形成微课程总体思路的过程，是微课程开发的具体蓝图。总体设计包括教学设计、结构设计、界面设计。

（1）微课程教学设计。

微课程教学设计就是运用系统科学的观点和方法，分析教学内容和教学对象，确定教学目标，建立教学内容结构知识，选择和设计恰当的策略和媒体，设计形成性练习和学习评价的过程。微课程设计通常包括学习者特征分析、教学目标的确定、教学内容分析、教学媒体的选择4个主要环节。

（2）微课程结构设计。

微课程结构设计是教学设计的延续和具体反映。根据教学内容和教学目标，依照特定的教学思想、学习理论，组织教学内容顺序以及教学控制策略，就是微课程的结构设计，最终以表格的形式呈现。微课程结构体现着特定的教学思想、学习理论、教学内容。不同的教学内容依据教学思想、学习理论的不同，微课程的结构往往也不同。可以从总体结构、教学内容结构以及内容控制结构3个角度进行微课程的结构设计。

（3）微课程界面设计。

微课程界面设计包括三个基本原则：第一，趣味化原则；第二，简明化原则；第三，风格统一原则。所谓趣味化原则是指微课的制作者应根据知识内容的不同，在每一个环节中综合运用视听手段和剪辑技法，把枯燥复杂的学习内容做艺术化、趣味化的处理；简明化原则是指在短短的几分钟之内，要求呈现的界面内容简洁，不要有过多的无关修饰，如小动物之类的；统一风格原则，是要求界面设计应该让人看了之后有整体上的一致性感觉，如所有正文、文字、标题文字等要力求一致。

二、微课选题与设计中存在的问题

1. 微课选题中存在的问题

（1）选题过大或过小。

有的教师的微课选题过大，甚至直接用教材上的课题或框题作为题目，或者选择那些在课堂教学中花上一个课时，运用多种教学手段才能突破的系统知识点。这从表面上看，是对选题范围的把握不够准确，实际上是对微课的理念没有认识透彻。微课的特点就是"短、小、精、悍"，而有不少教师可能把微课等同于微缩版的课堂教学实录了。

在微课选题时，也不宜选择过小的课题，即不宜选择那些无足轻重，甚至学生通过自主阅读和学习就能轻松掌握的知识点。微课选题应该选择那些重点、难点、疑点、易错易混点，这样才能有话可说，抓住学生的知识盲区。

总之，选题过大，往往难以把握，也不符合微课程的特点；选题过小，显得内容空乏，不能激发学生的学习兴趣。

（2）选题过偏。

有一些教师过于追求选题的专业性，而选择了一些过偏，甚至是陈旧过时的课题。比如有一位教师的课题是"PMI 知多少"，PMI 是通过对采购经理的月度调查汇总出来的指数，反映了经济的变化趋势。对这一经济术语，高中阶段没有要求掌握，就算是在考试中遇到，试题也会给出相应含义，教师在平时给予简单解释即可，而要制作成微课程，就显然太偏隘了。

（3）选题不具有可操作性。

微课作为一种多媒体技术的实际应用，在选题时，必须符合多媒体技术特点，可以是疑难点分析、解题方法讲解、热点透视等。但并非所有内容都可以用于制作微课，有些还不如利用传统教学手段来得科学有效。内容决定形式，强扭的瓜不甜，若一味采用微课的形式，不做具体分析，只会让微课教学丧失价值，难以调动学生的积极性，难以满足学生的学习欲望。

2. 微课设计中存在的问题

（1）定位错误，缺乏实用性。

一些教师制作的微课教学设计的开头是"大家好""同学们好"。可以看出，不少教师把微课教学设计成一节微缩的课堂教学设计，或者是其中的一个片段。这其实是在对微课定位上出现了偏差，没有考虑清楚微课的应用环境和对象。

微课教学必须是反映某个教学环节或教学主题的教与学的活动，突出学科的知识性与技能性。所以在微课设计中，必须考虑选题意图、微课类型、教学方法、制作方法和学科意义等。

（2）设计单调，缺乏可视性。

形式单调表现为微教案与 PPT 的简单相加，缺乏配套教学资源的开发与运用；单个知识点的一般陈述，缺乏微课结构的完整性和延展性；单纯教材知识点的讲解或应试能力的提高，缺乏热点与时政的渗透；一味地重视知识与技能的提高，缺乏情感态度与价值观的培养；等等。

微课设计的两个原则是"有用"和"有趣"，既能让学生看得懂、学得会，更重要的是，吸引学生的注意，达到微课制作的目的。

（3）媒体设计，缺乏艺术性。

在微课设计中，可能包含音频、视频、文字、图像等多种媒体技术，这就要求设计者会熟练运用摄像头、DV、手机、手写板、PPT 等工具，使作品字体与字号恰当、模板与背景合适、图文与布局合理等。只有这样，才能让设计的微课内容丰富新颖、灵活有趣，充满艺术气息。

然而，由于设计者的媒体技术水平有限，导致设计单一枯燥，缺乏感染力，难以引起学生的共鸣。比如一位教师的微课设计中，PPT 从头至尾白底黑字，全44 号的隶书大字，没有图片材料，也没有结构流程与视频，让人观看后，很难提起兴趣。因此，提高教师的媒体技术是十分有必要的。

主题 5　微课 PPT 制作与技术进阶

一、微课 PPT 的制作

幻灯片属于二维影视，主要由图像和声音组成，动画方面比较弱，但可以通过自定义动画和插入视频获得。

1.图像的获得

图像可以通过数码相机或扫描仪获得，网上的图案和编辑可以通过 QQ 影音截图获得。QQ 影音能对视频截图,操作简易。

2.声音的插入

声音的插入比较简单,但要把音频文件和 PPT 放在同一文件夹下,还是有出错的可能的。在 PowerPoint 2003 中,幻灯片打包后可以到没有安装 PPT 的电脑中运行,如果链接了声音文件,则默认将小于 100KB 的声音素材打包到 PPT 文件中,而超过该大小的声音素材则作为独立的素材文件。其实可以通过设置将所有的声音文件一起打包到 PPT 文件中。方法是单击"工具—选项—常规",将"链接声音文件不小于 100KB"改大一点,如改为最大值"50000KB"就可以了。

二、微课 PPT 制作需注意的问题

1.文字

正文字号在 32～40 间,质朴点,慎用动画效果。动画效果往往画蛇添足。整篇文字的风格要协调统一。

2.图片

使用高清图片。典型图片,有震撼力。一页最多两张图片。图片不要加长或缩窄,防止变形。

3.音乐

选用电影音乐。可以选主题曲,亦可根据情节,由几个片段组合。音乐要与主题的起伏协调。

4.播放时间设定

一般来说,每秒 6～8 个字比较合适。开头或特别提醒的地方,时间自己掌控。片头可以 6～8 秒。

5.期望

制作好后,除了自己观看,最好找 1～2 位没有看过本作品的教师看一看,听听他们的意见和建议。

三、微课 PPT 的制作技巧

1.在 PPT 演示文稿内复制幻灯片

要复制演示文稿中的幻灯片,请先在普通视图的"大纲"或"幻灯片"选项中,选择要复制的幻灯片。如果希望按顺序选取多张幻灯片,请在单击时按"Shift"键;若不按顺序选取幻灯片,请在单击时按"Ctrl"键。然后在"插入"

菜单上，单击"幻灯片副本"，或者直接按下"Ctrl + Shift + D"组合键，则选中的幻灯片将直接以插入方式复制到选定的幻灯片之后。

2. 幻灯片自动播放

要让 PowerPoint 的幻灯片自动播放，只需要在播放时右键点击这个文稿，然后在弹出的菜单中执行"显示"命令即可，这样一来就避免了每次都要先打开这个文件才能进行播放所带来的不便和繁琐。

3. 增加 PPT 的"后悔药"

在使用 PowerPoint 编辑演示文稿时，如果操作错误，那么只要单击工具栏中的"撤消"按钮，即可恢复到操作前的状态。然而，默认情况下 PowerPoint 最多只能够恢复最近的 20 次操作。其实，PowerPoint 允许用户最多可以"反悔"150次，但需要用户事先进行如下设置：在"工具—选项"，点击"编辑"选项卡，将"最多可取消操作数"改为"150"，然后确定。

4. PPT 中的自动缩略图效果

你相信用一张幻灯片就可以实现多张图片的演示吗？而且单击后能实现自动放大的效果，再次单击后还原。其方法如下。

新建一个演示文稿，单击"插入"菜单中的"对象"命令，选择"Microsoft PowerPoint 演示文稿"，在插入的演示文稿对象中插入一幅图片，将图片的大小改为演示文稿的大小，退出该对象的编辑状态，将它缩小到合适的大小，按 F5 键演示一下看是不是符合要求。接下来，只需复制这个插入的演示文稿对象，更改其中的图片，并排列它们之间的位置就可以了。

5. 快速灵活改变图片颜色

利用 PowerPoint 制作演示文稿，插入漂亮的剪贴画会为课件增色不少。但并不是所有的剪贴画都符合我们的要求，剪贴画的颜色搭配时常不合理。这时我们右键点击该剪贴画选择"显示'图片'工具栏"选项，如果图片工具栏已经自动显示出来，则无须此操作。然后点击"图片"工具栏上的"图片重新着色"按钮，在随后出现的对话框中便可任意改变图片中的颜色了。

6. 为 PPT 添加 LOGO

用 PowerPoint 做演示文稿时，最好第一页都加上 Logo。执行"视图—母版—幻灯片母版"命令，在"幻灯片母版视图"中，将 Logo 放在合适的位置上，关闭母版视图返回到普通视图后，就可以看到在每一页加上了 Logo，而且在普通视图上也无法改动它。

7. "保存" 特殊字体

为了获得好的效果，人们通常会在幻灯片中使用一些非常漂亮的字体，可是将幻灯片拷贝到演示现场进行播放时，这些字体变成了普通字体，甚至还因字体而导致格式变得不整齐，严重影响演示效果。

在 PowerPoint 中，执行"文件—另存为"，在对话框中点击"工具"按钮，在下拉菜单中选择"保存选项"，在弹出其对话框中选中"嵌入 TrueType 字体"项，然后根据需要选择"只嵌入所用字符"或"嵌入所有字符"项，最后点击"确定"按钮保存该文件即可。

8. 利用组合键生成内容简介

我们在用 PowerPoint2003 制作演示文稿时，通常都会将后面几个幻灯片的标题集合起来，把它们作为内容简介列在首张或第二张幻灯片中，让文稿看起来更加直观。如果是用复制粘贴来完成这一操作，实在有点麻烦，其实最快速的方法就是先选择多张幻灯片，接着按下 "Alt + Shift + S" 组合键即可。

9. 演示文稿中的图片随时更新

在制作演示文稿时，如果想要在其中插入图片，执行"插入—图片—来自文件"，然后打开"插入图片"窗口插入相应图片。其实当我们选择好想要插入的图片后，可以点击窗口右侧的"插入"按钮，在出现的下拉列表中选"链接文件"项，点击确定。这样一来，往后只要在系统中对插入图片进行修改，那么在演示文稿中的图片也会自动更新，免除了重复修改的麻烦。

10. 快速调用其他 PPT

在进行演示文档的制作时，可能会要用到以前制作的幻灯片或要调用其他可以利用的幻灯片，如果能够快速复制到当前的幻灯片中，将会给工作带来极大的便利。

在幻灯片选项卡上，使光标置于需要复制幻灯片的位置，选择"菜单"中的"幻灯片（从文件）"命令，在打开的"幻灯片搜索器"对话框中进行设置。

通过"浏览"选择需要复制的幻灯片文件，使它出现在"选定幻灯片"列表框中。选中需要插入的幻灯片，单击"插入"，如果需要插入列表中所有的幻灯片，直接点击"全部插入"即可。这样，其他文档中的幻灯片就为我们所用了。

11. 利用剪贴画寻找免费图片

当我们利用 PowerPoint 2003 制作演示文稿时，经常需要寻找图片来作为辅助素材，其实这个时候用不着登录网站搜索，直接在"剪贴画"中就能搞定。执行"插入—图片—剪贴画"，找到"搜索文字"一栏并键入所要寻找图片的关键词，然后在"搜索范围"下拉列表中选择"Web收藏集"，单击"搜索"即可。这样一来，所搜到的都是微软提供的免费图片，不涉及任何版权事宜，大家可以放心使用。

12. 制作滚动文本

在PowerPoint中有时因显示文本内容较多就要制作滚动文本。具体制作方法如下：执行"视图—工具栏—控件箱"，打开控件工具箱，点击"文字框"选项，插入"文字框"控件，然后在幻灯片编辑区按住鼠标左键拖拉出一个文本框，并根据版面来调整它的位置和大小。接着在"文字框"上右击鼠标，选择快捷菜单中的"属性"命令，弹出"文字框"属性窗口，在属性窗口中对文字框的一些属性进行相关的设置。

设置好后右击"文字框"，选择"文字框对象"中的"编辑"命令，这时就可以进行文字的输入。文本编辑完之后，在文字框外任意处单击鼠标，即可退出编辑状态。一个可以让框内文字也随滚动条拖动而移动的文本框就做好了。

13. 快速调节文字大小

在PowerPoint中文字大小不合乎要求或者看起来效果不好，一般情况是通过选择字体字号加以解决，其实我们有一个更加简洁的方法。选中文字后按"Ctrl＋]"组合键是放大文字，"Ctrl＋["是缩小文字。

14. 轻松隐藏部分幻灯片

对于制作好的PowerPoint幻灯片，如果你希望其中的部分幻灯片在放映时不显示出来，我们可以将它隐藏。方法是在普通视图下，在左侧的窗口中，按"Ctrl"键分别点击要隐藏的幻灯片，点击鼠标右键弹出菜单选"隐藏幻灯片"。如果想取消隐藏，只要选中相应的幻灯片，再进行一次上面的操作即可。

15. 将图片文件用作项目符号

一般情况下，我们使用的项目符号都是1、2、3，a、b、c之类，其实，我们还可以将图片文件作为项目符号，美化自己的幻灯片。首先选择要添加图片项目符号的文本或列表。点击"格式—项目符号和编号"，在"项目符号项"选项卡中单击"图片"，调出剪辑管理器，你就可以选择图片项目符号了。在"图片项目符号"对话框中，单击一张图片，再单击确定。

16. 对象可用格式刷

在 PowerPoint 中，想制作出具有相同格式的文本框（比如相同的填充效果、线条色、文字字体、阴影设置等），可以在设置好其中一个以后，将其选中，点击"常用"工具栏中的"格式刷"工具，然后单击其他的文本框。如果有多个文本框，只要双击"格式刷"工具，再连续"刷"多个对象。完成操作后，再次单击"格式刷"就可以了。其实，不光文本框，其他如自选图形、图片、艺术字或剪贴画，也可以使用格式刷来刷出完全相同的格式。

17. 幻灯片放映时让鼠标不出现在 PowerPoint

幻灯片在放映时，有时我们需要对鼠标指针加以控制，让它一直隐藏。方法是放映幻灯片，单击右键，在弹出的快捷菜单中选择"指针选项—箭头选项"，然后单击"永远隐藏"，就可以让鼠标指针无影无踪了。如果需要"唤回"指针，则点击此项菜单中的"可见"命令。如果你点击了"自动"（默认选项），则将在鼠标停止移动 3 秒后自动隐藏鼠标指针，直到再次移动鼠标时才会出现。

18. 改变链接文字的默认颜色

PowerPoint 2003 中如果对文字做了超链接或动作设置，那么 PowerPoint 会给它一个默认的文字颜色和单击后的文字颜色，但这种颜色可能与我们预设的背景色很不协调，想更改吗？那么可以点击菜单命令"格式—幻灯片设计"，在打开的"幻灯片设计"任务窗格下方的"编辑配色方案"。在弹出的"编辑配色方案"对话框中，点击"自定义"选项，然后就可以对超链接或已访问的超链接文字颜色进行相应的调整了。

19. 巧用文字环绕方式

在 PowerPoint 2003 中，在插入剪贴画之后可以将它自由旋转，但在 Word 2003 中将剪贴画插入后却不可以这样旋转。其实，我们只需选中插入的剪贴画，然后在出现的"图片"工具栏中点击"文字环绕"按钮，在弹出的文字环绕方式中选择除"嵌入型"以外的其他任意一种环绕方式，该剪贴画就可以进行自由旋转了。此外，如果我们先在 PowerPoint 中插入剪贴画，然后将它剪切到 Word 中，也可以直接将它进行自由旋转。

20. 快速选择多个对象

在 PowerPoint 2003 中，如果要选择叠放在一起的若干个对象时会不太容易，特别是它们又位于叠放次序下层的时候，更是如此。不过，我们可以点击"绘图"工具栏右侧的三角箭头（工具栏选项），依次指向"添加或删除按钮—绘图"，然后选中"选中多个对象"，将它添加到"绘图"工具栏中，点击它，会打开"选择多个对象"对话框。我们只要在对话框的对象列表中选中相应的那些对象就可以了。这个按钮的添加也可以这么做：点击菜单命令"工具—自定义"，在打开的对话框中点击"命令"选项卡，然后在"类别"中选"绘图"，在"命令"栏中选择"选中多个对象"，将它拖至工具栏的任意位置。

21. 打造多彩公式

在 PowerPoint 中也可以使用公式编辑器插入公式。但默认的公式都是黑颜色的，与我们演示文稿的背景很不协调。其实，我们可以选中编辑好的公式，然后点击右键，在弹出的快捷菜单中选择"显示'图片'工具栏"命令。再点击"图片"工具栏中的"图片重新着色"按钮，就可以在打开的对话框中为公式指定其他的任意颜色了。

22. 灵活设置背景

大家可以希望某些幻灯片和母版不一样，比如说当你需要全屏演示一个图表或者相片的时候，你可以进入"格式"菜单，然后选择"背景"，选择"忽略母版背景图形"选项之后，就可以让当前幻灯片不使用母版背景了。

23. 防止被修改

在 PowerPoint 中点击"工具—选项—安全性"，然后设置"修改权限密码"即可防止 PPT 文档被人修改。另外，还可以将 PPT 存为 PPS 格式，这样双击文件后可以直接播放幻灯片。

24. 看看 PowerPoint 的特殊播放模式

播放 PPT 文档时，点击 PowerPoint 的"幻灯片放映"菜单中的"观看幻灯片"将启动默认的全屏放映模式，这时必须使用"Alt + Tab"或"Alt + Esc"组合键才能与其他窗口切换。如果在播放幻灯片时，按住"Alt"键不放，依次按下"D""V"键激活播放操作，就可以让幻灯片放映模式变成一个带标题栏和菜单栏的普通窗口形式，操作起来就方便多了。

25. 巧让多对象排列整齐

在某幻灯片上插入了多个对象，如果希望快速让它们排列整齐，按住"Ctrl"键，依次单击需要排列的对象，再选择"绘图—对齐或分布"，最后在排列方式列表中任选一种合适的排列方式就可实现多个对象间隔均匀的整齐排列。

主题6 如何进行微课视频录制

微课视频的录制主要有两种方法：一种是录屏，还有一种是拍摄。

一、录屏

1.什么是录屏

录屏就是用录屏软件对教学过程进行录制。它的软硬件要求非常简单，只要一部装有录屏软件的电脑就可以了。录制时教师只需要将精心准备的课件在屏幕上演示出来，选择好录制的视音频格式，软件就会全程录制教师的屏幕操作和讲解，整个过程操作简单，方便易行。

2.几款录屏软件

目前网络上有很多视频捕捉软件，它们在功能上也有很大的差别，目前主要体现在视频捕捉的时候是否同时捕捉音频，以及捕捉后的处理加工。视频捕捉软件功能很多，很大一部分是被用在了教程上，制作一个好的教程不仅要有好的内容以及讲述，更重要的是视频也要简明，效果好。

（1）Camtasia Studio 软件。

录屏软件中名气最大，功能最强大的当属美国 TechSmith 公司出品的 Camtasia Studio。Camtasia Studio 是一套专业的屏幕录像软件，同时包含 Camtasia 录像器、Camtasia Studio（编辑器）、Camtasia 菜单制作器、Camtasia 剧场、Camtasia 播放器和 Screencast 的内置功能。使用本套装软件，用户可以方便地进行屏幕操作的录制和配音、视频的剪辑和过场动画、添加说明字幕和水印、制作视频封面和菜单、视频压缩和播放。软件提供了从屏幕录像到视频编辑、转换再到发布一系列全程的解决方案。Camtasia Studio 支持在任何显示模式下录制屏幕图像、鼠标操作并同步进行音频录制。在录制完成后可以使用 Camtasia Studio 内置的强大的视频编辑功能对视频进行剪辑、修改、解码转换、添加特殊效果等操作。

（2）CyberLink YouCam 软件。

CyberLink YouCam 是总部位于中国台湾的讯连科技 CyberLink 旗下的一款摄像头增加特效的软件。通过这个软件，可以让你的摄像头显示出特殊的效果。趣味写真随时玩、网络视讯更精彩。最新版本 YouCam 5 是一套强大的视讯互动应用软件，能满足您在视讯使用时所需的一切功能。无论是与朋友视讯交谈时，增添乐趣的趣味特效功能，或是功能强大的简报工具、视讯会议工具等，YouCam 5都能全部包办，全面为你的工作及娱乐生活精彩加分。

（3）SnagIt 软件。

SnagIt 是一个非常著名的优秀屏幕、文本和视频捕获、编辑与转换软件。可以捕获 Windows 屏幕、DOS 屏幕；RM 电影、游戏画面；菜单、窗口、客户区窗口，最后一个激活的窗口或用鼠标定义的区域。捕获视频只能保存为 AVI 格式。文本只能够在一定的区域进行捕捉。图像可保存为 BMP、PCX、TIF、GIF、PNG或 JPEG 格式，使用 JPEG 可以指定所需的压缩级（从 1% 到 99%）。可以选择是否包括光标，是否添加水印。另外还具有自动缩放、颜色减少、单色转换、抖动，以及转换为灰度级功能。

（4）屏幕录像专家。

屏幕录像专家是一款专业的屏幕录像制作工具，这款软件界面是中文版本，里面的内容并不怎么复杂，录制视频和操作简单，点击录制键，或者点击三角按钮就可以录制了。使用它可以轻松地将屏幕上的软件操作过程、网络教学课件、网络电视、网络电影、聊天视频等录制成 FLASH 动画、WMV 动画、AVI 动画或者自动播放的 EXE 动画。本软件具有长时间录像并保证声音完全同步的功能。本软件使用简单，功能强大，是制作各种屏幕录像和软件教学动画的首选软件。

（5）录屏大师。

录屏大师是一个没有任何限制的极其轻量型的高质量屏幕录像工具，用户可以利用它记录在电脑桌面上的一切操作并保存成视频文件。本软件有高彩、低彩及灰度三种视频质量选择，相对这三种视频质量所生成的视频文件大小也是不一样的，高彩模式生成的视频文件最大，灰度最小。

（6）KK 录像机。

KK 录像机是由杭州凯凯科技有限公司出品的免费的集游戏录像、视频录制、视频剪辑、添加字幕、添加音乐等功能于一体的高清视频录制软件。操作简单，且兼容录制所有游戏视频，是玩家分享精彩的工具。

3. 微视频录制的注意事项

随着信息技术和多媒体教学的推广，大部分的教师都已经熟练掌握了 PPT 制作技术。结合录屏软件和自己的解说，很容易就可以制作出一节 PPT 录屏形式的微课。这种形式的微课不仅贴近实际课堂，而且简单易学，渐渐成为微课中的主流形式。

（1）第一步：PPT 制作。

关于 PPT 的制作，相信各位教师已经在实际教学中掌握得非常熟练了，这里整理了几个针对利用 PPT 录制微课的注意事项。

第一，PPT 内容要高度聚焦，围绕一个知识点或一个任务。幻灯片页数一般不超过 10 页；PPT 要简洁美观，减少不必要的、会分散注意力的动画和装饰。

第二，建议使用 PowerPoint 2013 以上的版本，将所有上课所需展示的图片、音频、视频等都以插入的形式（不要用超链接）插入 PPT 中，以保持课程的整体感，而且不会再出现链接失败无法播放的情况。

第三，因为现在的电脑屏幕大多为宽屏 16:9，而手持终端手机的屏幕宽高比普遍大于 16:9，建议将 PPT 的大小设置为 16:9。

（2）第二步：录屏制作。

录制之前当然首先要整理好外部环境，因为涉及录制音频，安静的环境是最好的选择。之后最重要的就是选好一款好的录屏软件，FSCapture 等都是很好用的录屏软件，并且自带剪辑功能，具体操作教程可以自行网上搜索。

准备好了就要开始录制了，录制的时候教师可以应用一些快捷键让 PPT 操作看起来更加流畅。比如使用快捷键"Ctrl + P"或者使用 PPT 页面左下角工具栏调出 PPT 画笔工具，在 PPT 上做标注，吸引学习者的注意力；再比如使用键盘的上下箭头来翻页。录制完成后，有的软件可以直接生成视频，大部分软件都是生成一种".trec"格式的中间文件，以待教师编辑。

（3）第三步：视频编辑。

这就是这种形式微课录制过程中的"技术难点"了，教师可以运用多种视频编辑软件，比如会声会影，将刚刚录制好的文件进行编辑。例如对出错的地方进行删除，对重点的地方加以强调，等等。

（4）第四步：视频导出。

经过教师精心的前期准备，中期录制和后期剪辑，一部精彩绝伦的微课即将呈现出来。我们将剪辑完成的视频导出，设置一下导出的格式、大小、清晰度等，等待两分钟后，一节 PPT 录屏式的微课就做好了。

二、拍摄

1. 什么是拍摄

拍摄就是用摄像机对教学过程进行录制。它的硬件要求主要包括摄像机、灯光等设备。教师应该提前试讲，摄像师应注意调整摄像机的机位、高度和仰俯视角，多采用中景、近景和特写等小景别画面，多使用固定镜头，以保证视频质量。另外，由于教师的形象要出现在屏幕上，因此教师要仪表端庄，衣着整洁得体，教态自然，举止得当。

2. 如何用手机录制微课

在微课制作过程中，有一些需要动手操作、现场讲解并演示的知识点，或者初学者接触微课制作而不知从何入手，还有就是对电脑微课录制及视频后期编辑操作不熟练的朋友，如能用到身边的工具随手制作微课作品，那就实在太接地气了。下面就简单分享如何接地气地用手机录制微课。

（1）准备工作。

①必要工具。

手机支架、智能手机、笔、微课中用到的教学用具等。

②辅助工具。

台灯、白纸、手机耳麦、电脑音响设备（录制时播放背景音乐）等。

③搭建录制台。

第一，在桌子上固定好手机支架，将手机以稳定、水平角度调整好位置进行横拍视频（手机录像一般不用竖拍）。

第二，尽量采用自然光、辅助灯光以无频闪白色光源为佳，调整光线位置，把阴影降到最低甚至消除的级别。

第三，桌面要求简洁统一，可以铺上台布或纯色纸（白纸为佳），粘贴固定好。

第四，调整手机与录制平面的合适距离，打开手机摄像界面，通过观察，用铅笔在桌面白纸录制可视范围，四周轻轻描上标记，避免操作时超出拍摄范围。

第五，手机摄像模式手动对焦在白纸平面上，可以先将笔放置在纸上，手机对焦锁定后再开始操作。

第六，如果不想或不会在后期视频编辑添加标题、作者等信息的，可以先把必要的标题类信息设计打印出来叠放在录制区域最上层，在开始时展示。

（2）正式录制。

①辅助可选。

电脑音箱播放背景音乐，打印有标题、作者信息的白纸。

②微课讲解。

手机录制微课知识点大致分两类。第一类，需手写手绘展示讲解类，如数学解题、绘画、图解等知识点；第二类，手工制作演示讲解类，如折纸、工具物品的制作或使用说明、科学实验操作示范等知识点。

以录制绘画作品为例：录制开始，展示标题3~5秒后迅速抽出（亦可后期添加标题）；下一张白纸中进行一边讲解一边绘画，特别讲解重点、难点和注意点。

再以录制演示折纸作品为例：录制开始，作品展示，讲解并分步示范。

（3）手机录制注意事项。

①录制画面光线要充足，补光光源无频闪。

②画面稳定不能抖动，对焦清晰，同步录制的讲解声音要响亮清晰，背景音乐柔和。

③录制讲解时，背景纸、笔、手、教学用具要整洁干净，忌穿戴戒指手链等饰物，必须入镜的才入镜，尽量减少画面视觉干扰因素。

（4）录制完成后工作。

如需要后期手机编辑，可安装相关的视频编辑 APP，苹果手机如 iMovie、美摄等；安卓手机如小影、美拍、乐秀等。

（5）上传及分享。

微课作品格式一般默认保存为 MP4 格式，可直接上传至微课作品平台或视频网站如优酷网、腾讯视频等，分享链接后就可以直接在手机上观看学习了。

（6）总结。

利用手机录制微课，简单易上手，生成作品方便快捷，但需要准备的细节亦不可忽视，微课视频比起图文介绍更加生动形象易于传播，微课作品时长最好控制在 5~8 分钟，只要肯动手去做，相信智能手机在手，微课录制不用愁。

主题7　微课录制视频后期处理

微课录制视频后期的处理工作也是很重要的。

一、概述

后期加工主要包括片头、片尾、提示性画面或音频的插入。片头主要是显示标题、作者使用对象、所属学科、教材、单元等信息，片尾主要是制作单位、人员、鸣谢、日期等。提示性画面或音频的插入主要是为了提高学生的注意力。使用电脑或移动设备进行微型学习的学习者，由于外界环境的干扰和学习时的随意心理，往往参与度不是很高。所以在后期加工时，要加入督导环节，借用鲜明的提示性画面或警示性音频素材，提高学生的注意力，强调学习的重要内容。

二、常用软件

视频后期剪辑软件有很多，其主要功能是把拍摄素材的精彩部分留下，拼接到一起，加上字幕、音乐，输出成一个完整的影片。所以，如果不是专业用户，不必纠结到底选择哪个软件，每个软件都有它的长处。专业剪辑师至少会使用两种以上的剪辑软件，而作为普通教师，随便选择哪个软件都能满足我们的需求。

常见的剪辑软件有很多，专业的工具软件如 Windows 平台的 Premiere、Edius、Vegas、会声会影等，MAC 平台的 Premiere、Final CutPro X 等。

三、如何进行后期制作

利用软件制作出优秀的微课是一件非常不容易的工作，下面是微课后期制作的点滴探究，大家共同交流。

1. 重视后期编辑，高质量地完成微课制作

在微课的制作中要重视后期制作，从 CCTV《百家讲坛》的成功案例我们不难看出，成功的作品并不是完成视频摄录就行了，在视频的摄录环节中，会存在很多问题，比如知识点信息不够全面、信息量不大、缺乏画外音的提示、没有字幕等，这会造成学习者在观看微课时存在理解困难，难以捕捉到关键信息，等等。后期制作包含以下五个方面。

（1）对在视频录像中存在的各种问题进行修改，替换一些不好的画面。

（2）对视频的声音进行处理。在摄录的过程中，拾取的音频会有噪音，要对声音进行降噪处理，保证声音清晰。

（3）把视频里难以理解的概念和重要知识点，采用制作图片或者动画的形式插入到视频里去，通常还可以用画外音的形式弥补主讲人讲授不到位的地方，以加深学习者对微课的理解，提高微课的观赏性。

（4）字幕的添加。一般情况下微课主讲人的发音并不是很标准，可以通过添加字幕起到提示和总结的作用，有助于学习者理解微课。

（5）片头片尾的设计。好的片头片尾可以使得微课更具吸引力，同时也有利于展示学校的特色，提升学校的知名度。

2. 正确处理好微课摄录与后期制作的关系

微课的摄录环节是微课视频质量的重要保障，后期制作是微课是否成功的关键因素，因此要正确处理好微课摄录与后期制作的关系。

首先，微课主讲人的表现非常重要。摄录过程中要用镜头语言把主讲人的人文内涵和思想魅力展现出来，这就要求在摄录环节中，主讲人和技术人员相互配合，摄录到高质量的微课视频。

其次，后期制作可以把在摄录环节中缺乏的图片、视频、音频、动画或操作演示等内容添加到微课中，增加微课的信息量，降低知识点的抽象度，提高微课的观赏性，使微课更加符合学习者的观看心理。

因此，制作微课要处理好二者之间的关系，在保障体现主讲人特色的情况下进行后期制作，使微课更具吸引力。

主题8　创新型微课制作工具

翻转课堂、微课、SPOC、创客教育等新模式和新技术的出现与应用推动着教育信息化的发展。微课作为碎片化时代下在教育中应用最为广泛的资源之一，仍旧发挥着它的魅力。

微课种类繁多，大致有图文微课、音频微课、视频微课、H5 交互式微课、演播类微课和今后的虚拟现实微课等。回想你已经体验、感受过的各类形式微课，你最想使用哪一种？审视你已经初步设计好的微课内容主题，它最适合用哪一种？不同的微课类型会用到不同的微课制作工具。下面给大家简单总结一下时下相对流行好用的微课制作工具。

一、知牛网交互式微课编辑器（VKPad）

1. 介绍

知牛网不仅仅是一个交互式微课制作工具，而且还是一个基于 HTML5 的交互式智能教学平台。"一站式"为教师和学生构造了集交互式微课的制作、微课发布（微信分享）、学习任务布置、班级管理、学生管理、知牛课堂 APP（学生端）、学情跟踪与可视化反馈于一体的在线教学生态闭环。

2. 推荐理由

在知牛网上，微课制作简单，内容修改便捷，界面类似 PPT，易学易用，具有天然的跨平台优势。知牛网提供了丰富的元素模板、素材、动画动效等；可以从电脑端添加图片、音视频等元素；教师可以在微课内插入交互试题、交互组件等，让学生主动参与到微课学习过程中来，深度启发学生思考；对于文本和图片，可以直接从外部复制粘贴到编辑器中，非常方便。

另外，知牛网的学情跟踪功能强大，教师可以随时从后台查看学生的答题情况等。支持多种语音录制方式和教师手写板书功能等，实现"内容—动画—语音—交互"的完美同步结合，非常适合应用于喜欢个性化的翻转课堂教学、混合式教学的教师。

二、AxeSlide 工具

1. 介绍

一款基于 HTML5 技术开发的演示文稿制作软件，操作简单，存储便捷，通过 3D 缩放、旋转等效果，做出创意无限的演示文稿。

2. 推荐理由

AxeSlide 软件能为你的微课制作一个精美的演示文稿，而一个完整的微课还需要配音、配乐、剪辑等，所以教师可以结合 AxeSlide 和别的微课软件一起使用，制作出属于你的"高颜值"微课！

三、优芽互动电影制作工具

1.介绍

在线动画制作平台"优芽互动电影"只需简单的拖、拉、拽即可快速制作情境动画。

2.推荐理由

"优芽互动电影"拥有写实、卡通等多样风格的虚拟场景，可声情并茂展示丰富的人物活动，用故事呈现知识内容，同时可以从中嵌入趣味游戏试题，丰富教学内容，提高学生的参与度和积极性。

四、皮影客工具

1. 介绍

这是一款制作动画的软件。使用者需要将所需的素材拖动到舞台，设置动画效果就可以了。

2. 推荐理由

皮影客将动画制作的过程模块化，分为场景、分镜、人物、动作、对话等不同的模块，用户只需要通过简单的操作，将这些模块互相组合，就可以制作一个动画，这使得教师制作微课变得更加容易。同时，学生也可以通过皮影客的动画制作，去呈现他们对于世界的想象力，去表达他们对于世界的认知。

五、VideoScribe 工具

1. 介绍

VideoScribe 是一款手绘动画视频软件。

2. 推荐理由

VideoScribe 是手绘动画的一种，影片中真实的笔或手会吸引读者的目光，可以用来突出重、难点知识。另外，美观专业的动画效果会为微课的内容增加形式效果，促进学习者观看和学习。

六、CamtasiaStudio + PPT 工具

1. 介绍

CamtasiaStudio，简称 CS，是一套专业的屏幕录像软件。能在任何颜色模式下轻松记录屏幕动作，包括影像、音效、鼠标移动轨迹、解说声音等；可即时播放和编辑压缩；可对视频片段进行剪接并添加转场效果；可输出如 MP4、AVI、WMV 等多种格式的文件。

2. 推荐理由

CS 录课，操作方便、使用快捷，不仅可以录制教师的授课视频，制作二分频效果，还能加上丰富实用的批注、字幕，实现放大效果，等等。利用 CS，可以让微课更加完善，让学生学习更轻松。

七、Focusky 工具

1.介绍

一款简单易上手的微课制作软件，可以录音、录屏，添加字幕、配音，操作上有点类似 PPT，较容易学会。这个软件主要是通过缩放、旋转、移动来切换场景，空间感很强烈；软件内置大量模板和素材，如果实在很懒，直接套用模板以及直接应用素材就够了；页面可添加图文、公式、图表、视频、动画、角色人物等元素。

2.推荐理由

Focusky 采用整体到局部的演示方式，以路线的方式呈现，模仿视频的转场特效，加入生动的 3D 镜头缩放、旋转和平移特效，像一部 3D 动画电影，给听众视觉带来强烈的冲击力。

八、Storyline 微课制作工具

1.介绍

Storyline 具有丰富的图像资源、强大的交互功能、直观的操作界面，能够帮助我们建立生动有趣的学习内容、多样交互的操作活动、快速便捷的制作方法。

2.推荐理由

它能够帮助你建立动态的、引人入胜的内容，其中包含模拟、屏幕录制、拖放式交互、单击显示活动，以及测试和评估等。让学生不仅仅是观看微课进行学习，而且能够通过交互来提高学习积极性和学习效果。

九、Serious Magic、Adobe Ultra、Intensikey

这类虚拟演播室软件将人物和虚拟的场景合成，形成高大上的演播室演示演讲，做出来的微课很有科技感。不足之处就是成本过于高昂。

微课制作工具实在太多了，这里推荐的工具当然不全，但都是经过试用之后，在满足基本教学使用功能的前提下最易上手的。毕竟，功能强大和操作简单永远都是难以平衡的两极。

专题四

慕课背景下的翻转课堂

　　慕课是大规模的网络开放课程，它是为了增强知识传播而由具有分享和协作精神的个人组织发布的、散布于互联网上的开放课程。慕课与翻转课堂紧密相连，慕课的出现使得翻转课堂中的微视频内容更加广泛和深刻，也完善了翻转课堂的教育环节，两者将共同推进学习型社会的形成与发展。

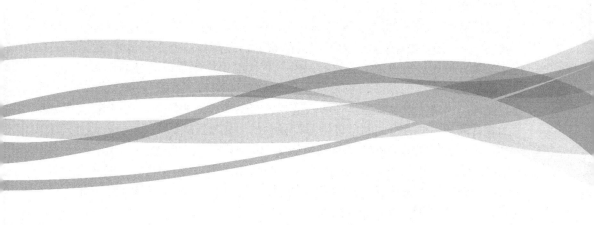

主题1 慕课、慕课的课程发展及其优秀平台

一、慕课及慕课的发展历史

1.慕课的含义

慕课，简称"MOOC"，也称"MOOCS"，即大规模开放在线课程，是新近涌现出来的一种在线课程开发模式。它发端于过去的那种发布资源、学习管理系统以及将学习管理系统与更多的开放网络资源综合起来的旧的课程开发模式。

2.慕课的发展历史

慕课最早出现在2008年，阿利克·克劳斯教授首次开设基于网络的课程——《传媒与开放教育》，为之后慕课的诞生与发展奠定了思想基础与技术准备。

2011年，慕课开始快速发展，在短短几年中，在全世界掀起一股热潮。2011年斯坦福大学的Udacity课程与Couraera和edX联盟，创建了高等教育领域的慕课平台。从此，慕课快速蔓延至全球，与慕课三大联盟合作的高校越来越多，全球有上千万的学生学习过慕课课程。慕课时代已然到来，世界正处于慕课引起的教育革新的风暴之中。

翻转课堂兴起于2007年的美国，"先教后学"的教学模式被翻转成"先学后教"。后来这一教育模式受到了广泛的欢迎而逐渐传播开来。翻转课堂改变了传统的教育模式，实施先学后教的课堂教育，不仅给学生以更多的学习自主权，密切了家庭与学校的联系，也推动了教育制度的变革。慕课与翻转课堂紧密相连，慕课的出现使得翻转课堂中的微视频内容更加广泛和深刻，也完善了翻转课堂的教育环节，两者将共同推进学习型社会的形成与发展。

这一大规模在线课程掀起的风暴始于2011年秋天，被誉为"印刷术发明以来教育最大的革新"，呈现"未来教育"的曙光。2012年MOOC浪潮席卷全球，获得了极高的媒体关注度，《纽约时报》甚至将2012年称作"MOOC之年"，有人甚至预测"MOOC将完全取代大学"。

MOOC的历史短暂，但其孕育发展历程并不短暂。准确地说，它可追溯到20世纪60年代。1962年，美国发明家和知识创新者Douglas Engelbart提出来一项

研究计划，题目叫《增进人类智慧：斯坦福研究院的一个概念框架》，在这个研究计划中，Douglas Engelbart 强调了将计算机作为一种增进智慧的协作工具来加以应用的可能性。也正是在这个研究计划中，Engelbart 提倡个人计算机的广泛传播，并解释了如何将个人计算机与"互联的计算机网络"结合起来，从而形成一种大规模的、世界性的信息分享效应。

从那时起，许多热衷于计算机的人士和教育变革家们，比如伊万·伊里奇，发表了大量的学术期刊文章、白皮书和研究报告。这些文献极力推进教育过程的开放，号召人们将计算机技术作为一种改革"破碎的教育系统"的手段应用于学习过程之中。

3. 慕课术语的提出

MOOC 这个术语是 2008 年由加拿大爱德华王子岛大学网络传播与创新主任 Dave Cormier 与国家人文教育技术应用研究院高级研究员 Bryan Alexander 联合提出来的。在由阿萨巴斯卡大学技术增强知识研究所副主任 George Siemeris 与国家研究委员会高级研究员 Stephen Downes 设计和领导的一门在线课程中，为了响应号召，Dave Cormier 与 Bryan Alexander 提出了 MOOC 这个概念。George Siemens 与 Stephen Downes 设计和领导的这门课程名叫《连通注意与连通知识》，有 25 位来自曼尼托巴大学的付费学生，还有 2300 多位来自世界各地的免费学生在线参与了这门课程的学习。所有的课程内容都可以通过 RSS feed 订阅，学习者可以用他们自己选择的工具来参与学习：用 MOODLE 参加在线论坛讨论，发表博客文章，在第二人生中学习，以及参加同步在线会议。

二、慕课的课程发展

从 2008 年开始，一大批教育工作者，包括来自玛丽华盛顿大学的 Jim Groom 教授以及纽约城市大学约克学院的 Michael Branson Smith 教授都采用了这种课程结构，并且成功地在全球各国大学主办了他们自己的大规模网络开放课程。

最重要的突破发生于 2011 年秋，那个时候，来自世界各地的 16 万人注册了斯坦福大学 Sebastian Thrun 与 Peter Norvig 联合开发的一门《人工智能导论》的免费课程。许多重要的创新项目，包括 Udacity、Coursera 以及 edX 都纷纷上马，有超过十几个世界著名大学参与其中。

三、慕课课程的优秀平台

1. Coursera 平台

目前发展最大的 MOOC 平台，拥有将近 500 门来自世界各地大学的课程，门类丰富,不过也良莠不齐。

2. edX 平台

哈佛与 MIT 共同出资组建的非营利性组织,与全球顶级高校结盟,系统源代码开放,课程形式设计更自由灵活。

3. Udacity 平台

成立时间最早,以计算机类课程为主,课程数量不多,却极为精致,许多细节专为在线授课设计。

四、慕课课程的其他平台

1. 国外的优秀平台

(1) Stanford Online 平台。

斯坦福大学官方的在线课程平台,与"学堂在线"相同,也是基于 Open edX 开发,课程制作可圈可点。

(2) NovoED 平台。

由斯坦福大学教师发起,以经济管理及创业类课程为主,重视实践环节。

(3) FutureLearn 平台。

由英国 12 所高校联合发起,集合了英国许多优秀大学的课程。

(4) Open2Study 平台。

澳洲最大的 MOOC 平台,课程丰富,在设计和制作上狠下工夫,值得一看。

(5) Iversity 平台。

来自德国的 MOOC 平台,课程尚且不多,不过在课程的设计和制作上思路很开阔。

(6) WEPS 平台。

由美国与芬兰多所高校合作开发,开设多门数学课程。授课对象包括开设院校的在校学生,课程内容符合教学大纲要求,考试合格者可获得开设院校所认可的该课程学分。

2. 国内的优秀平台

(1) 学堂在线 (XuetangX)。

学堂在线是清华大学于 2013 年 10 月 10 日推出的 MOOC 平台,面向全球提供在线课程。

(2) 慕课网 (IMOOC)。

慕课网是由北京慕课科技中心成立的,是目前国内慕课的先驱者之一。现设有前端开发、PHP 开发、JAVA 开发、Android 开发及职场计算机技能等课程。课程包含初级、中级、高级三个阶段。

慕课网是一个超酷的互联网、IT 技术免费学习平台，创新的网络一站式学习、实践体验；服务及时贴心，内容专业、有趣易学。专注服务于互联网工程师，使其快速成为技术高手。

（3）酷学习（Kuxuexi）。

"酷学习"网是上海首个推出基础教育慕课的公益免费视频网站。在网站首页上，写着这么一句话："你有一个苹果分给别人一半，你还有一半；你有一门知识，教会别人，你和别人都拥有一门知识。"

"酷学习的价值观就是免费、分享、合作。"该网站创始人李旭辉表示，在做酷学习网站之前，他曾是优酷上海的总经理，对视频的热爱驱动他无偿做这个公益慕课网站，"希望孩子们看了网站后能更加快乐地学习，尤其是边远地区教育资源贫乏的孩子也能得到优质的教学"。

（4）Ewant 平台。

由两岸五大交通大学（上海交大、西安交大、西南交大、北京交大、台湾国立交大）共同组建的 MOOC 平台。

主题 2　慕课主要特点及教学形式

近年来慕课的迅猛发展，让一部分人很郁闷，这些人包括过去做电视大学、搞网校的人。在他们看来，慕课不就是他们搞了几十年的电视大学吗？不就是网易公开课吗？美国麻省理工学院在 2001 年就发起了开放课程运动，向社会公布其从本科生到研究生的全部课程，约 1800 门，供全世界免费使用。后来，网易还把这些课程都翻译成了中文，近年来比较火的有哈佛"幸福课""正义课"等。慕课有什么特点？有什么创新点？为什么这么多人对此寄予厚望呢？

一、慕课的主要特点

1. 大规模

不是个人发布的一两门课程，"大规模网络开放课程"（MOOC）是指那些由参与者发布的课程，只有这些课程是大型的或者大规模的，它才是典型的MOOC。

2.开放课程

尊崇创用共享（CC）协议，只有课程是开放的，它才可以称之为MOOC。

3.网络课程

不是面对面的课程，这些课程材料散布于互联网上。人们上课地点不受局限。无论你身在何处，都可以花最少的钱享受美国大学的一流课程，只需要一台电脑和网络连接即可。

二、慕课的五大创新点

事实上，慕课不但有别于传统的电视大学的学习方式，也有别于网易公开课。大体来说，有以下几个创新点。

1.知识点，短视频

与过去的远程教育和公开课只是简单地把教师上课的内容录下来放到网上去不一样，慕课根据最新的教育研究成果，把一节课的内容分解成若干个知识点，每节课程都由10到15分钟的短视频组成。因为一系列研究表明，最适合学习者集中注意力的视频长度一般不超过15分钟。

2.随堂考试，10分过关

与过去的视频课不同的又一个特点是，慕课借鉴了许多网络游戏的方式方法。为什么网络游戏对青少年，甚至中老年都有这么大的吸引力？有人指出，秘密就在于游戏中的"即时奖励"。既然如此，教育能不能也借用一下这些网络游戏中的有效方式呢？于是随堂考试的模式就出来了。每讲完一个十来分钟的知识点，计算机就自动跳出一些问题让你回答。而且，就像游戏里的通关设置一样，只有全部答对，才能继续上下一堂课。这样可以激起学生的斗志，使学生学着学着就"上瘾"了。

3.机评兵，兵评兵

慕课动辄几万人、十几万人选一门课，这么多作业，还有期中考试、期末考试，教师如何改卷呢？不用着急，慕课早就想好招了。对于简单的随堂测验，就用机器直接判分。而对问答类的考试，就让学生互评。以前人们把学习者教学习者的方式叫"兵教兵"，借用这种说法，学生互评就可以叫"兵评兵"。为防止串通起来作弊，5个左右的互评者是系统随机匹配的，取一个平均的分数来保证评分的公正性。

4. 虚拟课堂，规模 PK

人们常说，教育是要有体温的。很多人一直在质疑：在没有课堂、没有教师、没有同学的慕课上，学生能学好吗？尽管慕课以个人学习为主，但也在尝试通过网上论坛的方式，把分布于世界各地的学习者联系起来，形成远程的讨论模式。有的慕课还设计出虚拟教室，有座位、有小组、有班长，以每天或每周研讨话题的形式，把学习者联系起来，发挥"兵教兵"的作用，这也能克服学生在网上学习的孤独感。

5. 大数据分析，小机器跟踪

一个慕课参与人数极多，能不能在其中滥竽充数、浑水摸鱼？没门！小小的计算机早就把你盯住了。你在什么时候上了多少分钟的课，答错了几道题，强项在哪里，弱项在哪里，机器都清清楚楚。在慕课几大平台中，大量数据采集和分析是关键所在。数据库把学生回答的每一道题、修改的每一次作业、参与的每一次论坛讨论都收集起来。还会定期给教师发报告，分析哪一堂课有效，哪一堂课无效。

三、慕课的教学形式

1. 课程范围

MOOC 是以连通主义理论和网络化学习的开放教育学为基础的。这些课程跟传统的大学课程一样循序渐进地让学生从初学者成长为高级人才。课程的范围不仅覆盖了广泛的科技领域学科，比如数学、统计、计算机科学和工程学等，也包括了自然科学、社会科学和人文学科。慕课课程并不提供学分，也不算在本科或研究生学位里。通常，参与慕课的学习是免费的。然而，如果学习者试图获得某种认证的话，则一些大规模网络开放课程可能会收取一定的学费。

2. 授课形式

课程不是搜集，而是一种将分布于世界各地的授课者和学习者通过某一个共同的话题或主题联系起来的方式方法。

尽管这些课程通常对学习者并没有特别的要求，但是所有的慕课都会以每周研讨话题的形式，提供一个大体的时间表，其余的课程结构也是最小的，通常会包括每周一次的讲授、研讨问题以及阅读建议等等。

3. 测验方式

每门课都有频繁的小测验，有时还有期中和期末考试。考试通常由同学评分，比如一门课的每份试卷由同班的五位同学评分，最后分数为平均数。一些学生成立了网上学习小组，或跟附近的同学组成面对面的学习小组。

主题3　翻转课堂常见类型及实施

一、翻转课堂常见类型

翻转课堂译自"Flipped Classroom"或"Inverted Classroom"。关于翻转课堂的定义，目前有多种版本，比较经典的有以下三种。

1.维基百科的解释

翻转课堂是一种混合学习形式，学生通常在家在线观看视频讲座学习知识内容，而在课堂上与教师和同学讨论、解决问题，完成作业。与传统课堂的讲课相比，师生的互动更富有个性，教师对学生的指导更有针对性。

2.美国新媒体联盟（NMC）的解释

《地平线报告：2014年高等教育版》对翻转课堂的定义：指重新调整课堂内外的时间，将学生的学习决定权从教师转移给学生。在这种教学模式下，课堂内的宝贵时间让学生能够更专注于主动的基于项目（或问题）的学习，共同研究解决本地化或全球化的挑战以及其他现实世界面临的问题，从而获得更深层次的理解。

3.我国学者对翻转课堂的定义

所谓翻转课堂，就是教师创建视频，学生在家中或课外观看视频中教师的讲解，回到课堂上师生面对面交流和完成作业的一种教学形态。

比较而言，第二种定义更强调课堂内外的在线学习与讨论，更符合基于慕课的翻转课堂的要求，笔者更倾向于该定义。在该定义中，教师不再占用课堂时间来讲授信息，这些信息需要学生在课外通过看视频讲座、听播客或阅读电子书等形式完成自主学习。同时，学生能与教师和同学进行在线讨论，能在任何时候去查阅需要的材料，教师也能有更多的时间与学生交流。

在课外，学生自主规划学习内容、节奏、风格和呈现知识的方式，教师则采用讲授法和协作法来满足学生的需要，促成他们的个性化学习，其目标是让学生通过实践获得更真实的学习。翻转课堂是大教育运动的一部分，它与混合式学习、探究性学习，其他教学方法和工具在含义上有所重叠，都是为了让学习更加灵活、主动，让学生的参与度更强。

从翻转课堂的定义入手，即翻转课堂是指学生在课前通过观看教学视频进行自主学习，课中在教师引导和同伴互助下探究、解决疑难问题的一种教学模式。中美两国的实践研究证明，尽管翻转课堂实践研究时间不长，但它巧妙地变革了学校教育结构，给师生角色、教学形式、课堂内容、技术应用和评价方式等教学要素赋予了新的内涵，实现了教学内容呈现方式、教师教学方式、学生学习方式、师生互动方式的深刻变革，如下表所示。

比较类别	传统课堂	翻转课堂
学生	以接受教师授课知识为主	通过平台主动学习
教师	讲授知识，管理课堂	学习指导
教学形式	课堂讲解与课后作业	课前自主学习，课堂探究
技术应用	黑板或多媒体展示	信息化设备自主学习与讨论
评价方式	纸质测评或扫描测评	线上多方式测评

二、翻转课堂是什么不是什么

乔纳森·贝格曼和亚伦·萨姆斯通过下面的问答能让我们更加准确地理清翻转课堂的含义。

1.翻转课堂不是什么

◎不是在线视频的代名词。翻转课堂除了教学视频外，还有面对面的互动时间，与同学和教师一起发生有意义的学习活动。

◎不是视频取代教师。

◎不是在线课程。

◎不是学生无序学习。

◎不是让整个班的学生都盯着电脑屏幕。

◎不是学生在孤立地学习。

2.翻转课堂是什么

◎是一种手段，增加学生和教师之间的互动和个性化的接触时间。

◎是创建让学生对自己学习负责的环境。

◎教师是学生身边的"教练"，不是在讲台上的"圣人"。

◎是混合了直接讲解与建构主义的学习。

◎是学生课堂缺席，但不被甩在后面的新课堂模式。

◎是课堂内容得到永久存档，可用于复习或补课的资料库。

◎是所有学生都积极学习的课堂。

◎是让所有学生都能得到的个性化教育。

三、翻转课堂的步骤

根据林地公园高中的经验，总结出翻转课堂有如下步骤。

1. 创建教学视频

首先，应明确学生必须掌握的目标，以及视频最终需要表现的内容；其次，收集和创建视频，应考虑教师和班级的差异；第三，在制作过程中应考虑学生的想法，以适应不同学生的学习方法和习惯。

2. 组织课堂活动

内容在课外传递给学生，课堂内更需要高质量的学习活动，让学生有机会在具体环境中应用其所学内容。包括学生创建内容，独立解决问题，探究式活动和基于项目的学习。

四、翻转课堂是如何改变学习的

乔纳森·贝格曼和亚伦·萨姆斯在 YouTube 视频和多个演讲中提到了翻转课堂在以下三个方面从根本上改变了学生的学习。

1. "翻转"让学生自己掌控学习

实行翻转课堂后，利用教学视频，学生能根据自身情况来安排和控制自己的学习。学生在课外观看教师的视频讲解，可以在轻松的氛围中进行，不必像课堂上教师集体教学那样紧绷神经，担心遗漏知识点或因为分心而跟不上教学节奏。学生观看视频的节奏快慢全在自己掌握，学会了的知识点快进跳过，没懂的倒退反复观看，也可停下来仔细思考或做笔记，甚至还可以通过聊天软件向教师和同伴寻求帮助。

2. "翻转"增加了学习中的互动

翻转课堂最大的好处就是全面提升了课堂的互动，具体表现在教师与学生之间以及学生与学生之间。

由于教师的角色已经从内容的呈现者转变为学习的教练，这让教师有时间与学生交谈，回答学生的问题，参与到学习小组，对每个学生的学习进行个别指导。当学生在完成作业时，教师若注意到部分学生被相同的问题所困扰，就可以组织这部分学生成立辅导小组，或为这类有相同疑问的学生举行小型讲座。小型讲座的美妙之处是当学生遇到难题进行请教时，教师能及时地给予指导。

当教师更多的成为指导者而非内容的传递者时，也有机会观察到学生之间的互动。教师在教室巡视过程中注意到，学生发展起了他们自己的协作学习小组，学生间彼此帮助，相互学习和借鉴，而不是依靠教师作为知识的唯一传播者。它使教师对学生们的合作学习探讨给予了极高的赞赏。

当教师尊重学生们的这种学习方式，他们通常会做出回应。学生开始认识到教师在这里是在引导他们学习，而不是发布指令。教师的目标是使学生成为最好的学习者，并真正理解课程的内容。当教师在学生身边和他们一起掌握概念时，他们会以最好的行动来回应。

可能有些同行会问，教师如何形成学习文化？关键是让学生确定自己的学习目标，而不是争取完成任务。因此要着力把课程变成有意义的活动而不是完成繁忙的工作。

3."翻转"让教师与家长的交流更深入

翻转课堂改变了教师与家长交流的内容。多年以来，在家长会上，父母问得最多的是自己孩子在课堂上的表现，比如：安静听讲，行为恭敬，举手回答问题，不打扰其他同学。这些看起来是学习好的特征，但教师回答起来却很纠结。在翻转课堂后，课堂上这些问题不再是重要的问题。现在真正的问题是孩子们是否在学习？如果他们不学习，教师能做些什么来帮助他们学习呢？这个更深刻的问题会带领教师与家长思考：如何把学生带到一个环境，帮助他们成为更好的学习者。

学生为什么不学习有无数的理由：他们没有相关的基础知识吗？他们个人问题干扰他们的学习吗？或者，他们更关注"在学校玩"，而不是学习吗？当家长和教师可以诊断孩子为什么不学习时，就能创建一个强大的时刻来实施必要的干预措施。

五、翻转课堂实施的三种形式

有关翻转课堂的实施，一般认为主要涉及三种形式："家校翻""校内翻""课内翻"。

第一种，"家校翻"。即和国外的做法一样，学生学习慕课里的课程、做练习，到课堂上讨论。

第二种，"校内翻"。即前置学习和课堂讨论都在学校内完成，只不过分成两次课来做。第一次课在机房看微课和学习资源，第二次课回到教室进行讨论（这里说的两次课可以不连堂）。这是我们首推的做法，适用面较广。

第三种，"课内翻"。即前半节课采用平板电脑等设备观看微课和做练习，后半节课讨论。这种做法的好处是操作比较便利，教师自己就可以掌控。不过这种做法只适用于有较好软硬件平台支撑的经验型教师。

主题4　基于慕课的翻转课堂及其实践意义

基于慕课的翻转课堂是"家校翻"的一种体现。主要目的在于满足学生个性化的学习需求。它是指将慕课作为一种主要的资源框架来开展翻转课堂，学生在课外自主学习慕课，包括观看微课视频，完成作业和进行课中的测评、讨论、交流、展示、评价等活动。

一、基于慕课的翻转课堂是什么

1. MOOC：在线教育的革命

大型开放式网络课程，即 MOOC（Massive Open Online Courses）。2012 年，美国的顶尖大学陆续设立网络学习平台，在网上提供免费课程，Coursera、Udacity、edX 三大课程提供商的兴起，给更多学生提供了系统学习的可能。2013 年 2 月，新加坡国立大学与美国公司 Coursera 合作，加入大型开放式网络课程平台。新加坡国立大学是第一所与 Coursera 达成合作协议的新加坡大学，2014 年率先通过该公司平台推出量子物理学和古典音乐创作的课程。

2. MOOC 的课程特征

（1）工具资源多元化。

MOOC 课程整合多种社交网络工具和多种形式的数字化资源，形成多元化的学习工具和丰富的课程资源。

（2）课程易于使用。

突破传统课程时间、空间的限制，依托互联网使世界各地的学习者在家即可学到国内外著名高校的课程。

（3）课程受众面广。

突破传统课程人数限制，能够满足大规模课程学习者学习。

（4）课程参与自主性高。

MOOC 课程具有较高的入学率，同时也具有较高的辍学率，这就需要学习者具有较强的自主学习能力才能按时完成课程学习内容。

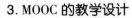

3. MOOC 的教学设计

因为大型开放式网络课程有为数众多的学习者，以及可能有相当高的学生和教师比例，大型开放式网络课程需要具备促进大量回应和互动的教学设计。以下是两个基本的设计方式。

（1）运用大型开放式网络课程网路来处理大众的互动和回应，例如同侪审查（Peer review）、小组合作等。

（2）使用客观、自动化的线上评量系统，如随堂测验、考试等。

4. 连结主义式的教学设计原则

（1）集结原则。

联结主义式的 MOOC 让大量的资料能在不同网站传播，然后再将各种资讯集结成通讯报道或网页，以方便参与者读取。这和传统课程相反，因为传统课程的内容是事先准备好的。

（2）混编原则。

要联结课程内的教材或其他内容。

（3）重新制订目标。

重新编排教学内容以配合不同学习者的目标。

（4）回馈原则。

与全世界学习者分享依不同学习目标编排的教学内容和想法。

5. "家校翻"的途径

个性化学习不是说说就可以解决问题的，要使个性化学习高效化，仅靠提供资源恐怕难以实现。研究认为，基于慕课的翻转课堂能更好地支持学生个性化学习：学生在课外可自由选学自己感兴趣的课程，在课中可选择参加不同主题（问题或项目）的课堂讨论交流，就是所谓的"家校翻"模式。

一是多做微课，丰富慕课体系，让学生自己选看，但这需要大量的优质微课，短期内无法解决。

二是在慕课系统中采取同侪教学的方法，让学生之间相互帮助。这部分工作已经有不少实践，如"小组合作学习""练评讲教育模式"等。但是从多数教师的实践来看，这方面的方法和能力目前还有明显不足。

二、慕课下翻转课堂的实践意义

1. 翻转课堂让教室变小

可汗学院在与翻转课堂结缘并引进学校后，可汗决定制作出更多趣味性强且富有吸引力的教学资源，以吸引学生到可汗学院学习。

可汗学院陆续邀请了一些优秀的教师加入教学视频制作团队中，丰富了可汗学院教学视频的学科种类，比如艺术和医学课程。可汗学院还增强了教学视频的互动性。它将字幕分成与时间标记对应的极小单元，学习者可随时反复或跳跃观看，或依关键字搜寻所需片段。更重要的是当教师让学生采用此资源学习时，教师可以掌握每个学生观看的历史纪录，知道学习者的困难点在哪里。

与此同时，在可汗学院理念的影响下，更多优质的教学视频涌现出来。2012年TED的教育频道TED-ED发布，并邀请全球的教师提交他们最棒的课程用于翻转课堂。TED-ED强调用有创意的动画呈现课程内容，搭配快速问答选择题、开放性问题与资源链接，帮助学生学习。更重要的是，在TED-ED平台上，教师可以利用TED的视频或其他在线视频，定制形成自己的课程后，得到专属的网址，寄给自己的学生，并能监看学生答题正确率与其他学习情况。

而在翻转课堂的先锋——林地公园高中的两位教师贝格曼和萨姆斯看来，教学视频仅是一部分。"把看教学视频作为家庭作业布置给学生，回到课堂上完成练习作业"，这是翻转课堂1.0版本，并不是翻转课堂的全部。翻转课堂的重点不在于教师自制讲课视频来教学，而是能真正思考如何更有效地运用课堂互动时间。教师作为知识领域的专家，可以将属于单向传授的部分知识录制成视频，让学生自行学习；空出的更多课堂面对面的时间，有利于师生面对面地互动交流解决个别问题，且更进一步用以发展学生高层次的能力（如布鲁姆目标分类中知识应用、分析、综合及评估等能力）。因此翻转课堂的课堂面对面时间需要精心的设计。

他们把翻转课堂重新命名为翻转学习，并认为：翻转学习是把直接教学（讲授基本事实、知识和技能）从群体学习空间转移到个人学习空间。以前整个教学过程中面对面的课堂教学，不管是教师讲授还是与学生对话，都是以教师为中心的一对多的形式；而翻转学习改变了这种传统的形式，不管是学生在家看教学视频，还是课堂师生面对面互动交流，都围绕在以学生为中心展开。学生获得了学习的主动权，根据自己的进度看视频，提出个人的问题与教师或同伴交流。而这种让学生主动去了解、探索问题及深入思考的方式，才能真正地让学习深化。

因此，贝格曼认为翻转学习的班级人数不应多，因为这让教师更容易在课堂上有机会与每个学生对话。按照掌握学习理论来说，每个学生在进入下一步前必须证明已经掌握了先前学习的内容，因此每个学生的学习进度不可能一样；教师需要在每一天的每节课关注到每一个学生的进展情况，如果班上人数多了，显然就不容易做到。

其实，翻转课堂是一种混合式学习方式，它包括了课前的在线学习和课堂的面对面学习两部分。然而对翻转课堂的认识却发生了分化：是注重教学视频和平台的开发，使学生有更棒的在线学习效果呢；还是设计更好的课堂教学，让学生更积极地参与到学习活动中来？其实二者并不对立，只是实施翻转课堂的专业人士因自己的特长而各有侧重而已。换句话说，就是专业的人做专业的事。在线课程开发人员注重更棒的教学视频，一线教师则侧重更好的课堂教学设计。二者的融合将使以翻转课堂为代表的混合学习更快地进入到学校。

有一点是大家的共识，就是翻转课堂的教学视频主要是讲授课程中的基础知识和基本概念；课堂上则用于组织活动，发展学生高级思维能力。如果课前视频学习没有效率，那么课堂活动设计再好，教师也可能因为学生问题太多而疲于应付，哪怕是小班课堂。建构主义支持者也曾批评可汗学院倡导的行为主义背景下的掌握学习是把学习变成死记硬背。从这个层面看，可汗学院恰恰是在行为主义和建构主义之间搭建了一个桥梁。

2. 慕课让教室变大

2013 年的 ISTE（美国国际教育技术协会）大会上，美国利哈伊大学教育学院的教学设计及教学技术教授 Scott Garrigan 博士表示，慕课将要给 K – 12 带来一场变革，"慕课现在正在变革高等教育，但是很快，慕课将同样会对高中教师的教学方式产生影响。"慕课给学习者带来了全新的体验。首先是在线教学视频的全面改进：它将视频片断化，视频之间有练习题弹出，帮助学生回顾知识。第二，评判机制优化：机器判分，同学互评，游戏化。第三，它利用社交网络形成更棒的学习氛围。第四，大数据统计能够提供自适应教学反馈。

传统教室中，明星教师最多能给 200 名学生上课，而在可汗学院平台，萨尔曼·可汗每次能给数千万的学生上课。Garrigan 博士说，目前最好的 K – 12 慕课平台就是可汗学院，他改变了现有教育体系。

的确，萨尔曼·可汗也正在对未来教育体系进行深入的思考。2013 年，在可汗出版的《The One World Schoolhouse》一书中，他提出全世界需要一个提供免费优质教育资源的网络教室，让更多的学习者从中受益。正如可汗学院网站上写着的承诺："让任何人，在任何地方，都得到世界一流的教育。"

良好的自主态度是一切学习的根本，这正是翻转课堂带来的最大好处。通过翻转课堂将有越来越多的中小学生接触到在线学习，而借助慕课优质在线课程的吸引力，网络课堂将变得更大，传统课堂则变得更小。

3.慕课下翻转课堂的实践意义

（1）慕课支持的翻转课堂有利于学生高阶思维的培养。

根据布鲁姆对认知领域教育目标的划分，教育目标从低到高分为知识、领会、应用、分析、综合和评价六个层次。基于慕课的翻转课堂，课前丰富的在线课程让学生的学习完全自主；课中学生可选择参与课堂合作探究活动，通过师生之间和生生之间的讨论、交流（包括成果展示）、评价（包括学生互评）等学习活动发展高级思维能力。需要特别强调的是，学生在课外通过在线学习不仅能掌握知识，还能生成反映自然状态下学生自主学习轨迹的大数据。大数据挖掘不仅能准确地揭示学生的兴趣爱好和学习效率，还能帮助教师有效地解决需在课中通过师生之间与生生之间合作探究的各种疑难问题，为的放矢地发展学生的高级思维能力提供数据支撑。

基于慕课的翻转课堂集实现差异化教学和个性化学习于一体，为学习者发展兴趣爱好、自定节奏学习，将更多的时间与精力用于发展自身的高级思维能力（包括创造力）提供了强大的系统化平台支撑。宏观上讲，对学生群体来讲，他们完全能够将更多的时间与精力用于发展高级思维能力上，大面积提高创新型人才的产出，如下图所示。

（2）慕课支持的翻转课堂更能够实践"精熟教学法"，翻转课堂是实施差异化教学的有效策略。

1922年美国教育实验家沃什伯恩（Carleton Wolsey Washburne）提出一种全新的教学形式，即"温内特卡制"（又称"温内特卡计划"），该计划的核心内容被称为"精熟教学法"。其核心理念是："只要教学条件能够满足学生的需要，那么所有学生都能掌握知识，任何学生都不会成绩不佳或掉队。"

实践与研究都证明，与传统课堂相比：①不同水平的学生都表现出了明显的进步；②能缩小学得慢的"后进生"和学得快的"优等生"之间的差距，同时不会减慢"优等生"的学习进度；③教师更喜欢上课，并且更加认可自己作为教师的重要性；④学生更能掌控自己的学习；⑤学生对自己的学习情况更加负责。

从美国、加拿大、澳大利亚、新加坡等发达国家近年来实施基于慕课的翻转课堂研究与实践的成果看，已经总结出以下七个方面的成效，即：①学生学业质量明显提升；②学习动机显著增强；③师生关系更加密切；⑤学生学习更加自主；⑤学生的纪律问题明显好转；⑥教师的工作满意度提升；⑦家校关系更加密切。这些成效的取得，又进一步推动了基于慕课的翻转课堂的发展。

主题5 慕课下翻转课堂教学结构设计

基于微课程的翻转课堂在课程内容的系统性和可选性、学业轨迹生成及大数据挖掘、学习效果的在线反馈与评价等方面存在不足。作为弥补，基于慕课的翻转课堂较好地满足了课前、课中学生个性化的学习要求。

一、慕课下翻转课堂教学结构设计

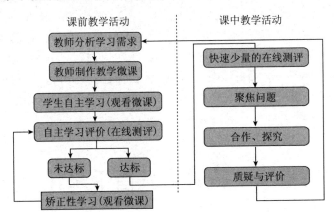

二、基于慕课的翻转课堂满足了学生个性化的学习需求

基于慕课的翻转课堂较好地满足了课前、课中学生个性化的学习要求，具体表现在两个方面。

1. 课前教学活动

课前，教师（团队）在调查研究学生学习需求的基础上，把需要学生解决的问题（完成的项目、掌握的知识）融入在线课程（教学视频和在线作业）中。需强调的是，在分析学习需求的过程中，倡导从现实生活中或项目中发现学习需求，反对脱离社会实践为培养"书呆子"铺路搭桥。

在规划、设计、制作教学视频时，一要明确学习目标及内容；二要兼顾不同教师和班级的差异，为学生课中"走班"创造条件；三要尊重学生个体差异，如根据兴趣爱好、学习方法，为学生个性化学习提供丰富多彩、门类繁多的在线课程，如 MOOC；四要能记录学生自主学习的轨迹，生成样本数据。如果学生在线作业未达标，系统会自动聚合相关教学视频供学生进行矫正性学习，之后再完成自主学习评价，直至达标方可进入课中教学活动。尽管每个学生课前自主学习所付出的时间有差异，但如此能确保所有学生对自己的学业负责并达到高质量的学习效果。

2. 课中教学活动

课堂是师生讨论、交流互动、培养情感态度价值观和解决疑难问题的主要场所，而不同课堂的师生研讨主题不一。学生可选择参加自己感兴趣的课堂研讨活动。

在课中，首先进行的快速简单的测试不仅能激活学生思维，还有助于呈现需要大家研究解决的实际问题。而通常情况下，需要解决的问题五花八门，而课中时间非常有限，教师需引导学生对众多问题进行梳理、聚焦，找出关键问题，然后再引导学生开展深入而广泛的研讨，一般性问题通过"同伴互助"解决，疑难问题由教师指导解决。最后，学生需通过研讨成果的报告、质疑或评价等活动提升思维品质，拓展创新能力。

主题6　慕课给教育带来什么

作为大规模网络开放课程，慕课已在教育领域掀起了大规模的教学风暴。国外三大慕课平台（Udacity，Coursera，edX）通过共享大学的课程，呈现出高水平、高互动和高开放三个特点。强大的网络支撑起强大的理念，强大的理念创造出强大的现实，我们将足不出户地免费分享全国各地，甚至世界各地的优质教学资源，学生的学习将实现真正意义上的"自主学习"。而作为大规模网络开放课程，它将给我们的教育教学带来什么？

一、慕课给教育带来什么

1. 慕课是社会发展的一种趋势

电子技术的发展，带来了社会的高速发展；网络技术的进步，使我们的各种梦想成为现实。我国面临着城乡差异大、教育不均衡的问题，这就意味着 MOOC 也将逐渐成为我国教学的一种模式，它是符合我国教育现实的，是社会发展的必然。MOOC 的应运而生打破了区域限制、时空限制，使学生（或任何一个学习者）能自主地获取自己想获得的知识。

2. 慕课将改变我们的教学模式

与慕课相对应的教学模式是"翻转课堂"，是指学生在家完成知识的学习，而课堂变成了教师与学生之间和学生与学生之间互动的场所，包括答疑解惑、知识的运用等。慕课不同于一般的在线课程，简单地将四五十分钟的课程放到网上。慕课将课堂分解成一个一个的"知识点"，每个视频大约在 10 分钟左右，恰好在学生注意力最集中的时段。学生可以每学完一个知识点，就去完成一些检测，反馈对知识的理解程度；也可以和其他学习伙伴或指导教师进行生生互动或师生互动，共同学习，完成学习任务。"翻转课堂"这种教学模式，给学生提供了更大的学习空间，它摆脱了我国"班级授课制"的困境，很好地做到了"因材施教"。

3. 慕课将实现真正意义的"自主学习"

慕课不受时间的限制，学生可以在身体状态和心理状态最佳时进行自主学习，既提高了学习的效率，又加强了学习的自信心和学习兴趣。慕课的学习方式促进了学习观念的改变。学习由原来的"课内"变为"课外"，由"专门的教师传授"变为"多个教师"指导；学校"任课教师"对学生的"影响"也已经不太重要了，这就避免了个别学生与教师之间因个性冲突造成的学习受阻情况。

4. 慕课将有利于促进教育公平

我国城乡差异大，地域发展不平衡，教育也就不均衡。目前，国家在下大力气，通过各种手段和制度来促进教育的均衡发展，但教育设施、教育装备、教师应用现代教育技术的能力，只是优质教育组成的一部分，教师的专业能力和素养才是教育最重要的组成，这是外界因素很难促成的。我国的国情又决定了教师队伍的参差不齐，四五十岁的教师在教师队伍中所占的比例较大，且大部分是骨干教师。知识的老化和教师老龄化状况使得教育效果已经受到影响了。慕课的到来，将为解决这一难题带来新的方法，至少是增加了一种选择的机会，虽然不能完全解决地区差距的问题，但它增加了选择优质教育资源的机会，有利于教育公平。

5. 慕课将快速造就大批的人才

慕课资源的共享为一些相对落后地区的孩子打开了"放眼世界"的窗口，他们在短时间内看到了"广阔的天地"，学习积极性会急速提高，学习效率和能力也会大幅度提高。凡是在慕课资源网上学习的学生，学习观念会逐渐发生改变，他们眼中的"老师"已不再是"自己校园里的老师"，他的学习意识也不仅局限于"学校才是学习的阵地"。学习"无时限、无域限"的理念会潜移默化地变为学生的一种意识，学生自然由被动学习变为主动学习。这样，不仅会快速涌现出大批的人才，还能使他们树立起终身学习的观念，从而加快我国社会主义现代化的进程。

同时，我们也应看到任何形式的教育模式都有两面性，不能过分夸大其优越性而避开它的局限性，这对教育没有好处。面对慕课，我们更多的是思考如何将我们现有的教育模式与其结合起来，取长避短，既能将学校教师的作用发挥出来，又能将网络的优越性加以利用，将教学效果最大化。

二、慕课能为基础教育带来什么

1. 慕课和翻转课堂已经进入部分中小学

人大附中和乡村中学通过视频同步授课，电子书包走进农村教室，翻转课堂进校园，等等。中国中小学教育正在探索线上课程与传统教育的有机结合，并做出了一系列实践。就目前基础教育改革现状来说，中国发展研究基金会副秘书长汤敏谈到，平板电脑授课是一场革命，与传统教育方式相比更加生动，有利于调动课堂积极性；正在推广的电子书包项目可以促进优秀教育资源在贫困地区的普及。

华东师范大学慕课研究中心主任陈玉琨教授将慕课的出现理解为，它是继班级授课制以后最大的一次革命，将为我国基础教育带来很大的变化。它使教育超越了时空的界限，使得优势教育资源全球共享、全民共享。

"不同于一般的在线课程，简单地将四五十分钟的课程放到网上，慕课有了很大的变化，每个视频大约保持在 10 分钟左右，恰好在学生注意力最集中的时段；在视频结束时，会出现检测与反馈，这意味着学生必须完成一系列小测试，来确定他们是否精准地理解课程中的概念。无论同步还是异步，最终都会获得来自教师、其他学习伙伴的解答，师生互动、生生互动成为现实。"陈玉琨说，"不仅在全球各个角落我们都能享受到优质的教育资源，而且还是移动的，可以走到哪学到哪，甚至可以反复学，十年二十年后再学。"

2. 慕课教育在基础教育阶段仍存在不足

尽管慕课在国内外做得风生水起，基础教育领域也有初步实践，但是专家也提出了一些需要关注的问题。

教育部科技发展中心主任李志民表示，慕课有利于促进教育公平，提高教育质量。因为无论"公平"如何定义，慕课的出现，至少增加了一种选择的机会。不要期望慕课能够解决地区贫富差距的问题，慕课也不会带来新的教育不公平问题，它只是多提供了一种选择，增加了选择优质教育资源的机会。同时，如果从知识传授的内容来讲，慕课适合于各类教育；但从受教育的群体来分析，与大学生相比，中小学生毅力稍弱，慕课需要更多地来自教师的配合。为了追求慕课的教学效果，吸引注册人数，未来将有可能出现教学团队和"教学导演"这种职业。

3. 基础教育阶段的在线教育路在何方

在力挺与质疑慕课的讨论声中，中央电化教育馆馆长王珠珠认为，第一，信息技术一定会对教育产生革命性的变革；第二，慕课和信息技术在学校的应用并不是一回事，慕课不能代表所有，慕课的概念不能泛化。目前，慕课在基础教育领域推行还需要三个现实条件：第一是网络条件；第二是教师条件；第三是费用问题。对于已经达到网络班班通的教师们来说，首先要能够把自己的教学目标搞清楚，把课堂教学搞好，进而能够在多媒体资源和多媒体环境下让学生学好，全国应该着力在最短的时间内达到这样的基本要求，同时积极探索慕课等应用，迎接信息技术对基础教育领域带来的变革。

针对未来基础教育发展方向，北京大学信息科学技术学院副教授陈江认为，仅就目前的中小学教育而言，还不存在单纯的慕课。因为基础教育除了基础知识的传授以外，还有情感、价值观等方面的要求，如教师与学生之间的亲切感这一点，慕课做起来是相当不容易的。

中国教育学会会长钟秉林指出，慕课的发展改变了教师与学生作为信息传递者与接收者的关系，两者作为学习伙伴，知识传播过程更加立体。如何实现信息的公平传播与保证课程质量是未来慕课发展的一大挑战。未来实现从基础教育到高等教育的转变，但大学课堂可能又恢复到"满堂灌"的形式，这是很危险的。

慕课与翻转课堂改变了传统的学习方式，给中国教育事业带来一定的冲击。作为一种教育新型形式，中国的慕课教育是能撼动基础教育传统课堂授课模式，还是教育改革道路上的昙花一现，我们拭目以待。

专题五

翻转课堂、微课与慕课助力个性化教学

　　翻转课堂、微课与慕课的出现，不仅不会取代传统教育，而且会让传统教育焕发出新的活力，会助力以学生为核心的个性化教学，引起学生学习方式的革命性变化。学生可以选择微学习、小组合作学习、自主学习、先学后教、异步学习、网络学习、社区学习、差异化教学、探究性学习等多种学习方式。既满足了学生自主学习的需求，提高了学生的学习效率，又促进了学生的全面发展。

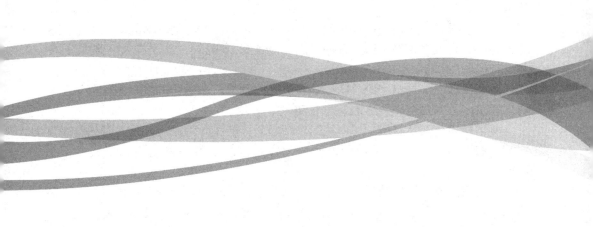

主题1　助力学生的微学习

一、含义解读

目前在国内教育发展过程中，出现了三个明显增长，分别是学习无处不在，在移动中学习以及云计算。学习无处不在是指任何人（Anyone）、任何时间（Anytime）、任何地点（Anywhere）、任何设备（Any device）、任何所需信息（Anything），即"5A理念"；而移动学习具有及时、高效、便捷的特点，能真正提供"5A"服务和"及时解决个性化学习问题"的根本需求，使学生的学习场所不再局限于教室、图书馆，因其能较好地利用"碎片时间"，满足自主学习的需求，这种学习方式称为"微学习（Microlearning）"。

作为一种新的学习形式，微学习表现在从内容到形式的多个方面。基于此，我们可以尝试将微学习界定为以新媒体为技术支持，通过微内容、微时间、微过程、微媒介、微资源而开展的学习活动。

所谓微内容，是指微学习的知识对象。微学习的内容通常是一个单一的主题，比如一个知识点、一个单词等，主题简单明了。同时，微学习的内容遵循模块化设计的基本要求，微内容相互之间紧密联系，共同构成一个完整的知识体系。

所谓微时间，是指一段较短的、完成一次微学习的时间。时间短是微学习的重要特征，有人主张一次微学习的时间应该是5~6分钟，甚至有人主张1分钟，通常情况下以不超过10分钟为宜。

所谓微过程，是指完成一次微学习的基本过程。微学习的过程结构简洁，并可以通过多种方式实现多维的实时互动。

所谓微媒介，是指微学习所用的小巧媒介。新媒介的发展使得各种手持学习终端，如手机、掌上电脑等得以普及，从而为微学习的发展消除了技术上的障碍。

所谓微资源，是指微学习所用的容量较小且时间较短的资源。微资源有两种存在形式，一种直接与微内容合二为一，另一种作为微内容的辅助材料。

二、教学案例

随课微写作

1. 随课微写作的提出背景

阅读与写作在语文教学中是不可或缺的两个方面，阅读是写作的基础和借鉴，写作是阅读的升华和创造。但是，在传统的语文教学中存在着这样的弊端：常常是为阅读而阅读，为作文而作文，将二者割裂开来，搞成两张皮，各自为政，结果花费大量的精力去训练培养学生二者的能力，效果均不佳，导致其在阅读教学中学写落空；作文教学路径与方式也存在——次数少的问题（8次/学期），且每次写作很正式，是"大作文"，都说"三天不练手生"，间隔太久写一次，一写又是写大作文，对学生来说太难。由此导致学生惧写。作文技能又包含很多的方法、技巧，练得少必然导致学生所得甚少，难以学会作文。

因此，为了解决学生写作文难的问题，提高作文教学的有效性，我们开辟了作文教学的新路径，那就是随课微写作。

2. 随课微写作的基本定义

随课微写作中的"随课"是指在进行阅读教学过程中，随课堂教学的推进，在教师所组织的课堂情境中，完成当堂写作。"微写作"是指当堂小练笔，简短习作，通常在50~200字，且动笔时间较短，在课堂教学中能够较轻松地完成。

3. 随课微写作的基本理念

（1）降低写作的难度，化难为易；将写作技能训练融入在常态化、匀速而低负担的日常课堂教学过程中，聚沙成塔、集腋成裘。

（2）随课（阅读课，阅读理解情境）展开，以写助读（阅读理解），一课一得。

（3）每课一写，当堂完成，不加负担。

4. 随堂练写的一般操作流程

第一步：在整体把握课文的基础上，深读课文、选点练写。

对于我们的阅读教学，一节课只有40分钟，显然不允许我们贪多求全，但也不能草草了事，走走过场。因此，我们通常在整体把握课文内容之后，要注意选择适合读写的练写点，在深读文章的过程中练写。对于不同的文体，我们选择的侧重点不同——写人的文章，我们重点会放在人物特点的分析上；对于写事的文章，重点在了解事件的经过上；对于写景的文章，重点在抓住景物的特点上；对于状物的文章，重点在弄清物体的特点上。

第二步：在练写点上展开练读或练说活动。

选择好文章的练写点，我们就得设置相应的教学情境进行练读或练说的活动。首先，好好朗读，透过文字去整体理解文章所要表达的内容，对文本所描述的事物获得初步的感受，在头脑中形成鲜明的形象；其次，好好理解重点文段，学生通过抓住关键语句来深刻理解文本信息，体会意蕴与情感。这样，学生们通过练读、练说来体会作者是怎样运用语言文字来表达内容的。

第三步：进入预设的练写点。

随着前两步教学情境的推进，教师在这个过程中，就要把学生带入到预设的练写点里面。当然，这个点的选择必须以课文为依据，遵循选点练写的原则，将练写活动有机融入到教师展开的理解文本的教学过程中。这个点，就应该有利于提升学生对课文的理解和感悟，有利于将课堂情境推向高潮，有利于学生在教师精心构筑的氛围中，受到人文熏染。

如何寻找这个点呢？例如，人物的特点是通过事件来表现的，那在这个事件的过程中，主要人物是怎么想的、怎么做的、怎么说的……作者或许只用一两个词语就写完了，没有写充分，这时候我们的练写点就可以在这里做文章了，通过充分描写作者省略的部分，入境想象，细腻体会人物的特点。又比如，有的写事的文章，重点部分是事情的经过，对于事件的起因表述得比较笼统不细致，或者是融入在事情叙述的过程中，这时候，我们的练写点就可以设在补全事件的起因，使其完整清楚地表达。有的事件的结局没有完全写明，意犹未尽，这时候我们选择的练写点就可以是补充性、延伸性地续写"后来怎么样"，当然，若是事件可能有多种结局，我们也可以发挥想象写出另一种结局。对于写景的、状物的文章，它们所写的景、物的每一个特点都可以作为我们的练写点，而具体如何寻找这个合适的读写结合点，也要顺应教学的情境，在理解文本的基础上，根据课文所写对象的特点及其文章内容的特殊性来选择。

选好练写点后，如何完成好练写活动呢？

（1）渲染情境。

（2）自然地布置写作任务。

（3）进入写作状态。

（4）教师巡视、发现。

（5）顺应教学情境展演优秀作品。

学生在完成写作之后就能感受到作文成功的快乐，从而增强学生的写作兴趣，提高他们的写作水平。

这种以教课文为突破口，随课进行的微写作，除了能提高学生的写作能力之外，更有利于对课文内容的深度理解，提升和渲染课堂教学情境，增强课堂教学的有效性。

三、案例分析

微写作的出现为语文写作教学领域注入一股清泉，作为大作文教学的有益补充，有自己的独特之处。首先，微写作的篇幅短小精悍，形式灵活自由，有助于激发学生的写作兴趣，培养学生勤于动笔的良好习惯；其次，对于细小简单的材料，微写作要有所说、有所写，学生必然观察到、思考到、感觉到精微的地方去，可以提高学生观察力、思考力和感受力等综合素养；再次，微写作教学加强了学生与生活、社会的联系，关注学生的独特性和个性化，体现了"以学生为本"的理念，加强了写作中的人文关怀；最后，微写作教学促使语文写作教学与时代接轨，微博教学等方式打破了传统写作教学的保守性，可谓是创新之处。

微写作体现了微学习的基本理念、基本特点。

1. 微学习的基本理念

（1）学习的泛在性。

泛在学习（U‒Learning）的一大特点就是泛在性，学习交织在日常生活之中，无所不在，以致学习者似乎都没有感觉到它的存在。还有研究者提出了泛在学习的"5A"特征，即任何人（Anyone）、任何时间（Anytime）、任何地点（Anywhere）、任何设备（Any device）、任何所需信息（Anything）。

微学习通过其独特的微型化学习设计及便捷多样的学习形式，使学习真正渗透到学习者工作、生活的各个环节，只要学习者愿意，时时处处都可以学习，真正实现了学习与学习者之间的无缝对接。

（2）学习的连通性。

连通主义的创立者乔治.西蒙斯（George Siemens）主张以一种新的视角来审视网络时代的知识与学习，认为网络时代的知识发生了根本性的变革，知识以一种片段化的方式散布于网络之中，处于一种未完成的动态变化状态，每个人都在网络中创造、完善并分享自己的知识。所以，对于个体的学习而言，学习过程的关键是创建适合于自己的网络，知道知识在哪儿并在需要的时候通过连通的网络进行获取。

互联网络是微学习内容与资源存在的重要载体。个体微学习的过程也是在互联网络中寻找、选择相关内容与资源并使它们实现连通的过程。

（3）学习的生态性。

微学习是一个由学习者、学习内容、学习媒介、学习资源以及学习行为整合而成的学习系统。由于微学习具有泛在性、灵活性等特点，学习者需要根据学习的实际条件和情境对微学习系统内的各个要素进行动态调配与组合，从而打破传统学习从理论到理论的封闭式小循环，实现学习与真实情境的依存与互动。

就微学习而言，学习者个体需要建立一种生态化理念，把学习看作一个内部各要素不断流动的过程，一个内部紧密联系的整体系统，一个寻求并实现动态平衡的有机体。学习者应重视建立和完善自己的微学习系统，使微学习系统内部各因子之间实现良性互动，构成一个学习功能完备的统一体，发挥出协同效应与整体效应。新媒体技术为学习生态系统的构建创造了良好的条件，可以基于微博群创建发现、获取、构建并管理知识的微学习环境。

（4）学习的独特性。

独特性是指事物与众不同的属性。每个人的认知风格、智力类型、学习类型、气质类型等都各不相同，这种差异正是因材施教的理论基础。传统的教学与学习忽视学习者个别差异的弊端，深为人们所担忧，但在微学习时代，学习者的个体差异可以得到充分关照与尊重。

2.微学习的基本特点

（1）内容的简洁性。

微学习的内容通常都是单一主题的，围绕一个核心知识呈现相关内容，即"短小的、松散的、实用的片段化学习内容"。其呈现的时间也相对短暂，表现出微知识量、小片段、模块化、短时间等特点。当然，微学习的知识组块间并非完全没有联系，而是存在着一种紧密的"隐性关联"，知识结构之间处于一种藕断丝连的状态，从而兼顾了知识体系的系统化。

（2）形式的多样性。

微学习内容的呈现形式是多样化的。小文本、图形、图像、音频、视频、动画、网络链接等都是微内容的表达形式；新闻、短信、邮件、博客短文、知识百科词条、小游戏、在线词典的单词释义等都是微内容的现实来源。微学习的多样化形式实现了学习资源推送途径的多元化，从而为学习者提供了更多的学习选择。

（3）载体的便捷性。

技术的进步不断促进人们行为方式的变革。近年来，各种便携式移动上网终端使人们使用互联网络的方式发生了很大变化。据中国互联网络信息中心（CNNIC）的研究，手机网民规模2014年首次超越传统PC网民规模。微学习过程完全由学习者灵活决定，学习进度也由学习者自己安排和把握，可以摆脱书本以及台式电脑的束缚，学习十分便捷。

（4）时空的灵活性。

微学习通过智能手机、平板电脑、移动学习程序等新媒体工具开展学习活动，使学习者可以随时随地地获取知识与信息，学习时间和学习场所都十分灵活，学习过程与学习者的结合变得更加紧密。通过把碎片化时间有机地组合起来，为学习者赢得更多的学习时间，微学习可以弥补传统教学的不足，使学习者更方便地自定学习步调，提高学习效率。

（5）学习的趣味性。

让学习变得更加有趣味，使学习者在一种轻松的学习体验过程中完成知识的建构，是微学习力图实现的目标之一。微学习的时间相对较短，学习内容与资源比较注重对学习者的友好性和吸引力，相比于传统学习动辄一两个小时的时间与精力投入，微学习可以减轻学习者对于知识学习的内心压力，使学习者从传统学习的枯燥无味中适当解脱出来。

（6）资源的丰富性。

只有大量具有针对性的资源存在，才能给予自主学习以高效支撑。新媒体为微学习所需的微资源提供了广阔的存在空间。以互联网络为基础，微学习资源的数量急剧增加，质量也得到提升。为了适应微学习的需要，有研究者提出应该基于微课程的理念整合现有的电子课本，从而使电子课本更好地发挥对于教与学的资源支持作用。技术的发展已经使资源的获取过程变得极为便利，资源对于学习的支持作用正不断得以加强。

四、专业指导

人类的学习正在不断地走向智能化，各种新技术、新方法及新应用程序为微学习提供了强有力的支持。与传统的学习相比，微学习过程的即时性、交互性、情境性特征更加明显，微学习生态系统内的各个要素之间通过相互影响与协调运作实现了系统的动态平衡。那么如何更好地开展微学习呢？

1. 科学营造微学习氛围

微资源基于问题研究的视角而出现，每一个微课程、每一次微讨论、每一次微研究、每一次微合作都可促进学生问题的解决，都可营造微学习的氛围。教师在正式的课堂中开展教学，针对易错点、难点适时开展研究，创设情境、深入讨论，对精彩深入解决问题的过程适时记录下来，形成微课程，便于部分学生再次深入学习，通过一定的微测试等手段，可以有效地进行差异化教学，激励学生自主学习。

2. 设计丰富的微资源

微学习作为一种非正式的学习，重点在于对正式学习进行有益补充，善于快速解决学生学习中遇到的问题，用大量有针对性资源，高效地支撑起学生的自主学习。

微学习对学生来说只是正式课堂学习外的一种途径，从众多的学习途径中明确出微学习的不同，挖掘出微学习独特的学习要求、技术特点和应用特点，为学生设计出最好的应用体验，激励学生更多地参与到微学习中来。试想不久的将来，微学习成为一种常态，独自或和世界上任何兴趣一致的朋友组成微学习共同体，通过微社区对一个或几个微学习内容进行深入细致的研究，这样势必会让教育、学习发展到一个新的高度。

3.创立微学习的激励机制

现在很多网络社区都设计有等级、积分、勋章等奖励制度，甚至还提供积分换实物等奖励措施，这对提高用户的黏着度、保有度起到了很大的促进作用。模仿网络社区的激励机制，把做题、听课、提问、回答、评价、留言等学习活动积分化，与每期一星、学习标兵等常规教学激励手段相配合，激发学生的兴趣，提升微学习平台的黏着度，才能使微学习更具有生命力。

微学习在内容、时间、空间、过程、媒介、资源等方面都具有很大的灵活性，这就赋予了学习者对学习进行自主选择与决定的自由。每个学习者都可以从自己独有的学习目标、认知习惯、学习条件等因素出发，制订和实施专属于自己的学习计划与方案。每个通过微学习方式开展学习的人，都可以使自己的学习展现出独有的风貌与色彩。

主题2　助力小组合作学习

一、含义解读

小组合作学习是在班级授课制背景下的一种教学方式，即在承认课堂教学为基本教学组织形式的前提下，教师以学生学习小组为重要的推动力，通过指导小组成员展开合作，发挥群体的积极功能，提高个体的学习动力和能力，达到完成特定教学任务的目的，这就改变了教师垄断整体课堂信息源而学生处于被动地位的局面，从而激发了学生的主动性、创造性。

合作是指两个或两个以上的学生或群体，为了达到共同的目的而在行动上相互配合的过程。小组合作学习就是以合作学习小组为基本形式，系统利用教学中动态因素之间的互动，促进学生的学习，以团体的成绩为评价标准，共同达成教学目标的教学活动。

二、教学案例

下面以语文第八册第十四课《夏夜荷花》一课为例谈谈小组合作学习的过程。

1. 共同确定目标

教师根据大纲的要求以及本单元、本课时的重、难点，学生依据教材课后练习，共同制订每节课的训练目标。在共同确定训练目标的过程中使学生明确本课的训练目标，使其做到心中有数。

例如：《夏夜荷花》的第二课时，同学根据课后练习，在教师的指导下制订出以下训练目标。

①抓重点词句的意思，理解课文内容，体会作者热爱荷花的感情；②继续学习合并几层意思归纳段意的方法；③有感情地朗读课文，练习背诵课文三、四、五自然段。

在制订第二项训练目标时，学生最初制订为"学习合并几层意思归纳段意的方法"，这是不符合这节课的训练要求的，这就需要教师加以指导说明，修改训练目标。因为《夏夜荷花》是本单元的第二课时，这种归纳段意的方法对学生来说已不是第一次接触的新知识了，而是在此基础上进行提高，进行更深入的学习与巩固。教师在这里进行适当的解释说明，既可以使学生进一步明确本节课的学习目标，又可以了解到本单元训练重点的安排，有利于学生尽快掌握这个知识点。

2. 教学生学习方法

这是从制订训练目标过渡到小组合作学习的必要准备阶段。在这个阶段，教师重在提出问题、教给方法，提供给学生从未知到已知的过渡桥梁，学生则重在独立学习思考，初步感知教学内容，做好必要的心理准备。

例如在教《夏夜荷花》第一段时，教师提出问题："你是从哪些词句中体会出雷雨后夏夜荷花的美的（画重点词句体会）？"教师先让学生通过默读，画重点词句去体会；然后让学生充分交流讨论发言；最后练习有感情朗读。这一学习过程是在教师的指导下一步一步完成的，使学生对理解与解决一个问题有了一定的认识。这时教师总结学法：①画重点词句体会感情；②交流讨论；③练习有感情地朗读。

3.小组合作学习

在小组讨论阶段，教师参与小组学习，并对小组学习的过程做必要的指导、调控。学生学习《夏夜荷花》第一段时已掌握了学习方法，学习第二段时便可按照上一段的学习方法进行小组合作学习。教师在学习前提出要求：①在组内交流之前，每个学生先独立思考、自学（有的还要求学生写出思考的要点）；②组内交流方式要多样化，主要方式可以是中心发言式、指定发言式、组内议论式或两两配合式等。总之，要让每位学生都能充分发表自己的见解。

4.全班交流

这个阶段的教学主要是通过各小组汇报情况后，教师进行适当的指导，或者是学生进一步看书学习，从课本中找到问题的答案。

例如，学生在交流《夏夜荷花》第二段中荷花毫无私心这一品格时，能够扣住"全部""献"两个词，理解了荷花心甘情愿地将自己的各个部分都奉献给人类。但是，它奉献给人类些什么呢？这时教师引导学生联系生活实际来想，学生马上想到"根茎"就是平时吃的藕；"叶"可以做荷叶饭，可以包东西；"花"供人们欣赏；"果实"可以做好喝的莲子粥。

通过联系实际，学生加深了对"全部""献"两个词语的理解，从而也就更加深入地理解了荷花毫无私心这一品格。总之，全班交流就是让学生相互检查，彼此互补，从同伴那里迅速得到高质量的矫正帮助，而教师则针对各小组的目标掌握情况、互助情况等做出激励性评价。

5.复习巩固

让学生自然地对照目标进行检测，以确认目标的达成。这一阶段，学生将对照课堂开始时师生共同制定的训练目标，看一看是否完成。同时通过练习，检测自己是否完成目标。例如，《夏夜荷花》要求试背三、四、五自然段。课堂上通过小声读，按课文内容填空后让学生自己试着背诵，最后指名背诵，就是检测性练习，让学生了解自己是否能够较流利地背诵三、四、五自然段。在这一阶段中学生通过学习，能够对照目标进行自我检查，对还不理解的问题敢于向教师提出问题，解决疑点，完成训练目标。

三、案例分析

案例中，把全班学生按"组内异质、组间同质"的原则，根据性别比例、兴趣倾向、学习水准、交往技能、守纪情况等进行合理搭配，分成学习小组，每组6人，按长方形围坐，以便教师启发引导之后，学生面对面地进行小组讨论。

1.小组人员分工及分工标准

根据每个人的特长不同进行不同的分工。善于组织活动的学生为组长；善于记录的学生为记录员；善于表达的学生为中心发言人。为了让每一名学生都得到锻炼，定期轮换主发言人，每人都有发言的机会，在主发言人表达之后，如有遗漏，中心发言人可以补充。

2.小组合作学习中教师的角色定位

教师是全班小组合作学习的组织者和掌控者；是组内研讨的参与者；是小组研讨的引导者。小组合作学习为学生成长提供了更多的机会和平台，有利于学生的全面发展。

3.小组合作学习的作用

（1）有利于培养学生的社会适应性。

它创造了学生相互认识、相互交流、相互了解的机会。在合作学习中，学生学会了把自我融于群体之中，小组的成员彼此之间成为好朋友，一起学习，一起活动。使学生感到自己难以离开这个可爱的群体，从而培养了他们的合群性。这也是一个人具有社会适应性所具备的基本素质。

（2）有利于培养学生的自主性和独立性。

小组合作学习是培养开放型人才的有效途径，小组成员能够在小组合作中进行充分的语言、思维训练。通过小组成员之间的交流，学生能够大胆地将自己的见解通过语言表达出来，使其在交流中逐步培养主动性与交往能力，并形成自己的独立见解。

（3）促进了学生的全面发展。

小组合作学习在课堂教学中为学生创设了一个能够充分表现自我的环境，为每个学生个体提供更多的机遇。人人都有自我表现的机会和条件，使之在小组中相互交流、彼此尊重，共同分享成功的快乐，使每个学生进一步发现自我、认识自我，使其主体地位得到大大地肯定与提高，促进了学生的全面发展。

（4）有利于提高学生学习的正确率。

小组合作学习，可使思考方向不正确的学生及时得到纠正；使不愿思考的学生在小组浓厚的学习氛围中不得不去思考、讨论找到问题的答案，激发学生的学习兴趣，使组内的每一个学生都树立集体意识，增强学生为捍卫集体荣誉而学习的强烈动机，这种学习积极性的提高，正是发挥个体主观能动性的具体体现。

四、专业指导

小组合作学习是培养学生合作意识的一种基本途径，而且提供了许多自由组合、分工协作的机会，在这个学习过程中，学生可以把自己的思路和别人共享。那么如何引导学生更科学有效地进行小组合作学习呢？

1.合理分配小组成员

要充分发挥小组学习的功能，分好小组是前提。合理构建学习小组，既是学生进行合作学习的基础和前提，也是实现学生群体合作的基本手段。

首先要根据学生的基础知识、学习能力、智力状况、性别、心理素质、兴趣爱好等各方面进行综合评定，然后按照"组内异质，组间同质"的原则进行分组，每个小组 4～6 人为宜。如果是 4 人一小组，应该有一名优等生，两名中等生，一名学困生。这样做既能保证小组内各个成员之间的差异性和互补性，也便于各个小组间开展公平竞争。教师应把学生的个别差异看成一种积极的教育资源，实施动态分组教学。

教师还可根据学生的学习情况定期进行人员调整，以保证小组间学生竞争的活力，增强小组内学生合作的凝聚力。

2.明确小组成员责任

建立合作学习小组后，要明确小组中每一个成员的责任，突出每个个体的作用，使每一个人不仅要对自己的学习负责，有帮助他人进步的义务，还要为所在小组中其他同学的学习负责。

组长的选择，直接关系小组学习活动的效率和成败。小组长要选择有一定号召力、责任心、协调能力强的学生担任。小组长为轮换制，让每一位小组成员都有锻炼和展示的机会。

在 4 人小组内，应设一名小组长，一名记录员，一名汇报员，一名操作员。小组长主要负责讨论过程中的组织和裁判，检查本组同学对所讨论问题的掌握情况；记录员主要记录整理讨论过程中小组成员发言，要求组织能力强，下笔快的同学担任；汇报员主要负责汇报小组中的讨论结果，要求语言表达能力强的同学担任；操作员主要负责小组中的操作工作，要求心灵手巧的同学担任。

组内分工落实后，教师应引导学生懂得"分工不分家"的道理，对每一个同学所担任的角色根据教学情况定期做适当的调整或轮换，以增强学生的责任感和主人翁意识。

3.做好小组培训工作

小组合作学习的目的是让每一个成员都参与学习的过程，使学生学得生动、活泼，品尝到成功的喜悦。因此学生的合作能力也就显得尤为重要。在培训过程中应要求学生做到以下几点。

一是要认真思考、大胆发言，学会中心发言，能把自己的探索、发现，清楚地用语言表达出来，在组内交流；二是学会认真倾听别人的意见，从别人的发言中得到启发，收获更多的知识、方法；三是学会质疑、反驳，能听出与他人意见的相同点、不同点，能以恰当的方式表达个人观点；四是学会更正、补充，能在别人结论的基础上进行修改完善；五是学会求同存异，以开放的心态进行学习。

4. 精心把握小组合作学习的时机

在小组合作学习中，教师的主导作用不可忽视。教师在教学过程中，要精心把握小组合作学习的时机，主要体现在以下三个方面。

（1）当学生对某一问题独立思考与研究后发现问题与产生困惑时，对同一问题有不同见解、产生意见分歧时设计合作，有利于学生相互交流、集思广益，从而达到共同提高的效果。

（2）在教材的重、难点处设置合作，有利于学生集体智慧的发挥，有利于每个学生对教材重、难点的学习，从而使每个学生体验成功的乐趣。

（3）在学生单独实验与操作遇到困难时，倡导学生相互合作，使学生感受到与同伴合作的必要性。教师在备课时，首先应对可能出现的困难或意外有充分的预设；其次，教师面对教学意外时，必须镇静从容、及时引导，根据学生的生理、心理特点，采取形式多样的应对措施。

5. 及时进行正确评价

（1）学习过程的评价应与学习结果的评价相结合，侧重于学习过程的评价，要体现"不求人人成功，但求人人进步"的理念。

（2）合作小组集体的评价应与小组成员个人的评价相结合，正视学生的客观差异，侧重于对小组集体的评价。

（3）评价的内容包括小组活动的秩序，组员参与情况，小组汇报水平，合作学习效果等方面。

（4）教师评价应与自我评价相结合，注意以教师评价为主向以自我评价为主逐步过渡，教师要帮助、引导学生分析存在的问题，并寻找改进的办法。

主题3　助力学生自主学习

一、含义解读

1.自主学习的定义

《基础教育课程改革纲要（试行）》在论及基础教育课程改革的具体目标时指出："改变课程实施过于强调接受学习、死记硬背、机械的现状，倡导学生主动参与、乐于探究、勤于动手，培养学生搜集和处理信息的能力、获取新知识的能力、分析和解决问题的能力以及交流与合作的能力。"

自主学习是与传统的接受学习相对应的一种现代化学习方式。顾名思义，自主学习是以学生作为学习的主体，通过学生独立的分析、探索、实践、质疑、创造等方法来实现学习目标。

2.自主学习目标

自主学习要求施教者应以学校教育为主阵地，同时辅以必要而科学的家庭教育和社会教育，使儿童和青少年通过自主学习，学会求知、学会做人、学会健体、学会审美、学会生活、学会交往、学会劳动、学会生存，具备与现代社会相适应的学习、生活、交往、生产以及不断促进自身发展的基本素质。这些基本素质包括以下几方面。

（1）愿学、乐学。

调动并形成强烈的学习动机，增加学习的兴趣，使学生愿学和乐学，解决学生中存在的厌学、逃学的问题。

（2）会学、善学。

要强化学法指导，使学生知道怎样学习才能省时省力效果好。在新的形势下，使受教育者掌握多样化的学习技能和方法，改变盲目学习的状况，是实现学生自主发展的重要目标之一。

（3）自醒、自励、自控。

这些要求主要属于学生健康心理素质的发展目标。自主学习要求学生不仅要把学习内容作为认识的客体，而且要将自己作为认识的客体，对自己做出客观正确的自我评价，从而对自己的行为进行自我激励、自我控制、自我调节，形成健康的心理品质，不断提高自己的注意力、意志力和抗挫折能力。

（4）适应性、选择性、竞争性、合作性、参与性。

要使学生学会适应，主动适应，而不是被动适应；要适应生活，适应学习，适应环境。允许并鼓励学生根据自己的素质和兴趣发展自己的特长。要改善办学条件，鼓励学生追求与自己情况相适应的较高目标，培养他们的进取心和成功欲望，鼓励竞争意识。要创造环境，使儿童和青少年增强合作意识，培养合作精神。

3. 自主学习的特点

（1）自立性。

每个学习主体都具有求得自我独立的欲望，是其获得独立自主性的内在根据和动力。每个学习主体都具有学习潜能和一定的独立学习能力，能够依靠自己解决学习过程中的"障碍"，从而获取知识。具有独立性的学习主体，是"自主学习"的独立承担者；独有的心理认知结构，是"自主学习"的思维基础；具有渴求独立的欲望，是"自主学习"的动力基础；而学习主体的学习潜能和能力，则是"自主学习"的能力基础。

自立性是"自主学习"的基础和前提，是学习主体内在的本质特性，是每个学习主体普遍具有的。它不仅经常体现在学习活动的各个方面，而且贯穿于学习过程的始终。自立性又是"自主学习"的灵魂。

（2）自为性。

学习主体将学习纳入自己的生活结构之中，成为其生命活动中不可剥落的有机组成部分。学习自为性是独立性的体现和展开，它内含着学习的自我探索性、自我选择性、自我建构性和自我创造性四个层面的结构关系。因此，自为学习本质上就是学习主体自我探索、自我选择、自我建构、自我创造知识的过程。

不管是探索性学习、选择性学习，还是建构性学习、创造性学习，都是自为学习重要特征的显现，也是学习主体获取知识的途径。从探索到选择到建构，再到创造的过程，基本上映射出学习主体学习、掌握知识的一般过程，也大致反映出其成长的一般过程。从这个意义上说，自为学习本质上就是学习主体自我生成、实现、发展知识的过程。

（3）自律性。

即学习主体对自己学习的自我约束性或规范性。它在认识域中表现为自觉地学习。自觉性是学习主体的觉醒或醒悟，对自己的学习要求、目的、目标、行为、意义的一种充分觉醒。它规范、约束自己的学习行为，促使学习主体不断进取、持之以恒。它在行为域中则表现为主动和积极。主动性和积极性是自律性的外在表现。因此，自律学习也就是一种主动、积极的学习。主动性和积极性来自于自觉性。只有自觉认识到自己学习的目标意义，才能使自己的学习处于主动和积极的状态；而只有主动积极地学习，才能充分激发自己的学习潜能和聪明才智，从而确保目标的实现。

自律学习体现学习主体清醒的责任感，它确保学习主体积极主动地探索、选择信息，积极主动地进行知识建构。

其中，自立性是自主学习的基础，自为性是自主学习的实质，自律性则是自主学习的保证。这三个特性都说明了同一个思想：学习主体是自己学习的主人，学习归根结底是由学习主体自己主导和完成的。承认并肯定这一思想，对于改革矫正曾有的诸多不合理的教育教学手段、模式，从而探索创立崭新的教育教学手段、模式，无疑具有特别重要的现实意义。

二、教学案例

师：在足球比赛中，输球用负数表示，赢球用正数表示，输3球记作什么？赢2球记作什么？

生：输3球记作"–3"，赢2球记作"+2"。

师：今天下午我们班与六年（一）班准备踢一场足球，同学们猜一猜会有哪几种情况出现？

（同学们分组讨论，气氛相当激烈，并且还派一名同学记录每组情况）

师：哪组汇报一下你们的结果？

（生踊跃举手汇报，师指名一组回答）

生：我班上半场赢2球，下半场赢3球，一共赢几个球？

师：谁能根据他的提问列出算式？

生：+2 +（+3）=5。

生：上半场输2球，下半场输1球，一共赢几个球？

生：–2 +（–1）= –3。

生：上半场赢2球，下半场输2球，一共赢几个球？

生：+2 +（–2）=0。

生：上半场赢2球，下半场输1球，一共赢几个球？

生：+2 +（–1）=1。

生：上半场输3球，下半场赢1球，一共赢几个球？

生：（–3）+（+1）= –2。

生：上半场输1球，下半场没进球，一共赢几个球？

生：（－1）＋0＝－1。

生：上半场没进球，下半场赢2球，一共赢几个球？

生：0＋（＋2）＝＋2。

生：上半场平球，下半场平球，一共赢几个球？

生：0＋0＝0。

（师再次引导学生说出每个算式的意思）

师：同学们通过再讨论能得到什么法则吗？

（学生气氛活跃起来，七嘴八舌地相互探讨）

师：谁来说说？

生：（一名男生）我来。正2加正3得正5，负1加负1得负2。就是符号一样的两个数相加，结果的符号与它们一样，然后把两个数相加。

生：（一名女生站起来）不对。负1加负1，按你说的结果是负号，但把两数相加就该又是负2了，写成是'－（－2）'，不是'－2'了。

师：那该怎么办？

生：（一名高个男生）我来说。是把它们的绝对值相加。

师：真棒。同学们看看对吗？

（师一边用手势做出绝对值，一边板演得出正确结论）

生：对，没错。

师：谁把法则完整地说一遍？

一女生抢先回答。

师把同号相加的法则出示在黑板上。

三、案例分析

这个案例是教学中的一个片段，它体现了教者思想上的一些创新和转变。

1.由指令性活动向自主性探索转化

以前教学时，总是对学生不放心，能把这几种情况想全吗？法则能总结到位吗？会不会耽误太长时间而影响了整节课的内容安排？结果还是由教师直接提出问题，学生只做回答，这样只会束缚学生的手脚，阻碍学生思维的发展。这节课学生自己去设想、探究、讨论等高层次的思维活动之后，得出的结论是始料未及的。

2.课本不能被当作唯一不可改变的标准

课本在学生学习时起到了至关重要的作用，但也不是一成不变、按部就班。这节课教师大胆尝试选用了与学生活动密切相关的足球比赛结果作为依据，似乎与教材有点"跑题",但是倾向于学生的生活,贴近他们的实际,使他们思维更处于愉悦状态,全身心地投入到学习中去,整节课的气氛相当活跃、和谐、轻松,学生能不愿意学习吗?

从学生掌握知识的结果看似乎"殊途同归",但在教学的方式上有很大的变化。相比较,这节课更有利于学生获得积极的情感体验,引导学生自主地参与到学习中去,使自己真正成为学习的主人。

3.体现了自主学习的特点

自主学习强调培育学生强烈的学习动机和浓厚的学习兴趣,从而进行能动的学习,即主动地、自觉自愿地学习,而不是被动地或不情愿地学习。

"自主学习"这一范畴本身就昭示着学习主体自己的事情,体现着"主体"所具有的"能动"品质;学习是"自主"的学习,"自主"是学习的本质,"自主性"是学习的本质属性。学习的"自主性"具体表现为"自立""自为""自律"三个特性,这三个特性构成了"自主学习"的三大支柱及所显示出的基本特征。

四、专业指导

自主学习要着重培养自主识别、自主选择、自主摄取、自主调控的自主学习能力,而自主学习能力的形成依赖于教师有意识地按照能力形成的规律,去创设适宜的教学情境。那么,如何在教学中培养学生的自主学习能力呢?

1.激发学生的学习兴趣

托尔斯泰说:"成功的教学所需要的不是强制,而是激发学生的兴趣。"兴趣是学习最好的老师。心理学研究表明,学习兴趣的水平对学习效果能产生很大影响。学生学习兴趣浓厚,情绪高涨,就会深入地、兴致勃勃地学习相关方面的知识,并且广泛地涉猎与之有关的知识,遇到困难时表现出顽强的钻研精神。无兴趣地学习只是表面地、形式地去掌握所学的知识,遇到困难时往往会丧失信心,不能坚持学习,所谓"强扭的瓜不甜"也就是这个道理。因此,要促进学生主动学习,就必须激发和培养学生的学习兴趣。

2.创设自主学习的情境

苏霍姆林斯基说:"人的心灵深处,总有一种把自己看作发现者、研究者和探索者的固有需要,该种需要在儿童的精神世界中尤其强烈。"教师要给学生提供必要的时间、空间和相应的条件,让学生全员参与、全程参与、全方位参与。学生参与和自主活动是课堂教学中最基本的"人权",不是教师对学生的恩赐。创设自主学习情境时具体要注意以下几点。

（1）给学生自主学习的时间。

在教学过程中，少讲、精讲，多采用启发诱导的方法，激发学生的学习欲望，提高学生的学习兴趣。给学生充足的时间去操作、去思考、去交流，把教师的教学活动内化为学生的自主学习，从而促进其自主学习能力的培养。

（2）给学生自主质疑的权利。

爱因斯坦曾说："提出一个问题往往比解决一个问题更重要。"李政道也曾经说过："遇到问题要敢于问个为什么，可怕的是提不出问题，迈不出第一步。"学生能够发现问题，并且敢于向教师提出来，这是他们刻苦学习，主动钻研的表现。要鼓励学生大胆质疑，让学生在"疑"中产生问题，在"疑"中产生兴趣。要尊重学生独立的思维方式，培养学生不信书、不信师的敢想、敢说的自主创新意识。

（3）强化指导自主求知的方法。

除常规方法指导外，着重交给学生学习策略，让学生知道在具体的学习情境中，如何选择调用最有效的学习策略和方法，学会自我意识、自我激励、自我评价、自我反思、自我调控学习全过程，提高自学能力。

3. 开展探究活动，促进自主学习

探究是一种多侧面的活动，只有让学生主动参与、亲身体验科学探究的一般过程，才能培养学生学习的兴趣，促进其学习的自主性。通过各种探究活动，不仅使学生掌握了教材要求的学习目标，更增强了学生的自信心，同时也培养了学生的自主学习能力。新教材中安排了许多科学探究活动，其中包括观察与思考、实验、调查、探究、资料分析、模拟制作、进一步探究、演示实验、设计、技能训练、课外实践等。

4. 运用激励性评价，促进自主学习

在课堂上教师应对不同的学生采取不同的评价标准，在不同的场合采取不同的评价形式。对学生提出的各种问题，教师都要认真对待，不能心不在焉、敷衍了事。对于学生的认识和实验结果，正确的要充分肯定；有独到见解的要大加表扬；错误的不要直接否定，草率批评，而是要鼓励学生积极思考，查阅资料，与同学商讨，直到获得正确的答案。只有运用激励性评价，才有利于学生的主动发展，有利于调动学生学习的积极性。

主题4 助力教学先学后教

一、含义解读

1.定义

先学是在教师简明扼要地出示学习目标、提出自学要求、进行学前指导后，学生带着思考题在规定的时间内自学指定内容，完成检测性练习；后教是在学生充分自学后，教师与学生、学生与学生之间互动式的学习。

先学后教是对传统的"先教后学、课后作业"教学模式的颠覆性改革，一堂课总要从"先学后教"的"学"字开头，这个"学"是自学的意思，"学"是学生带着教师布置的任务、有目标的自学，学生的自学成为一堂课的起点，是这种课堂教学模式的最大特色和亮点。

2.具体要求

每堂课教师都不要先讲，而是先让学生自学。学生不是盲目地自学，而是在教师指导下自学，教师的指导必须符合"四明确"要求：明确时间、明确内容、明确方法、明确要求。

比如："同学们，下边我给大家5分钟的时间（明确时间），大家自学教材的第23页至24页（明确内容），在自学的过程中可进行小组讨论（明确方法），5分钟后回答下列问题（明确要求）。"只有做到四明确，才能为学生指明自学的目标和方向，学生也才能高效率地进行自学。

3.基本环节

（1）导入新课，板书课题环节。

一般是开门见山地进入新课并板书课题，也经常采用设问激疑法导入新课，引出课题并板书课题。

（2）揭示目标，明确任务环节。

一般采用投影或小黑板方式呈现，要求简明扼要，具体明确，实实在在。具体讲，就是揭示本节课要理解什么、记住什么、演算什么、学会什么等等，切忌空洞拔高、口号概念满天飞。

（3）自学指导环节。

一般在课前做好充分准备。或设计系列性思考问题，或者设计多种形式的导学思考习题，从自学内容、自学方法、自学时间、自学要求四个方面给予学生以明晰的指导、引导，让学生的自学避免盲目性。前三个环节总共用时 10 分钟左右。

（4）先学环节。

一般包括学生看书和动态检测两个小环节。看书自学的内容比较多，一般可以因材施"看"，如看课文、看例题、看定义、看注释、做实验、圈问题、做标记、发现疑难、归纳要点、做与例题相类似或相反的试题，等等。总之，要手脑并用，积极思考。动态检测是对看书自学效果进行检查测验的手段，一般有提问、板演、书面练习等形式。实际教学中很多人都采用书面练习，也就是此前"自学指导"时给出的导学思考题和练习题。动态检测中教师要善于发现学生在自学过程中出现的问题、错误，并积极思考备课，为进入"后教"环节做好准备。这一环节用时需要 7 分钟左右。

（5）后教环节。

一般包括订正、讨论、补充、总结几个小环节。方式上通过订正、讨论，各抒己见，会的教不会的，必要时教师出面帮助学生补充、订正、归纳、总结、完善，目的是让学生加深对所学内容的理解和巩固，最终形成分析问题和解决问题的能力。这一环节用时 15 分钟左右。

（6）当堂训练环节。

这一环节通过训练巩固当堂所学内容，并把知识转化为分析问题和解决问题的能力，实现"堂堂清"。在训练设计上要特别讲究，如低起点、小坡度、多层次、多类型，有必做题目、选做题目、思考题目等等，让不同学习状况的学生都达到不同的训练目的。这一环节用时不少于 15 分钟。

二、教学案例

1. 导入

莲花又称荷花、芙蓉。古往今来，不知有多少人描绘过它，赞美过它，并把它当作高洁脱俗品格的象征，借以表达自己的志向。宋代周敦颐写的《爱莲说》就是一篇脍炙人口、经世不衰的赞莲佳作。今天我们就来共同学习这篇文章。

2. 导学

学生自主学习、合作学习。（教师让学生明白自主学习的内容，师生共同合作加上教师的点拨，共同完成在自主学习阶段不能完成的任务）

（1）学生自读课文：弄清字、词、节奏。（这个教学环节用 15 分钟，对于八年级的学生，这篇课文已经学过，以上几个问题没必要过多讲解，完全可以放手给学生，这样既避免了学生重复倾听，又可以调动学生思索的积极性，同时又培养学生自己思考问题的能力，使不同层次的学生都能积极主动地获取知识）

（2）听录音，划出朗读节奏。（逐段展示课文，速度与录音配套，以莲花为背景）

（3）学生自读，（屏幕显示已划分节奏的课文）把握语气和节奏。

（4）学生齐读课文，整体感知。

（5）分组疏通文意，学生对照注释及提示理解文意。

（展示疑难词句）——独：唯独、只；自：从；盛：很、非常；予：我；香远益清：香气远播，显得更加清芬；谓：认为；鲜：xiǎn，很少。

（6）质疑，学生互相解答。

（7）学生齐读。

3. 问题探究

（展示探究的问题）探究文章的内容，理解托物寓意的写法，体会文章的思想情感。（学生分组讨论，与教师的点拨和学生的合作学习相结合）

教师要让学生明白探究的内容。（教师口述辅之以板书）

（1）什么是"说"？

（2）看课文注释，画出不能理解的句子。

（3）文章开头为什么先写陶渊明和世人的爱好？

（4）文中写了哪些花？重点写什么？为什么要写其他的花？

（5）文章仅仅是写花吗？采用了什么写法？花与人有什么关系？

（6）哪些地方是写莲的？从哪些方面写莲的？

（7）莲花有什么特点？作者为什么喜欢莲花？

（8）作者为什么发出"莲之爱，同予者何人？"的感叹？作者的感叹说明了什么？

（这个教学环节用 15 分钟，帮助学生梳理文章脉络，复习已经学过的写法。使成绩不错的学生更注意知识点的整合和积累，成绩略差的同学加深课文的理解并及时消化与整理）

4. 朗读背诵指导

通过各种形式的朗读来实现。如男女生分段朗读、自由朗读、教师提问、学生用书上的原句回答等。

（1）指导朗读第一段。（出示朗读提示）

（2）学生体会第二段的朗读方法。

（3）学生自己背一背。

（4）全班试背。

（5）点名背诵，比一比，看谁背得熟。

（这个教学环节用 5 分钟，目的是通过提问背诵课文，为理解性默写打下基础。不同层次的学生都应该掌握）

5. 巩固练习

"莲花"与"君子"的联系。（这个教学环节用 3 分钟，目的是通过探讨，不同层次的学生可加深对文章内容的理解）

6. 拓展延伸

（1）与莲花有关的诗歌。

（2）写几句关于莲花的句子，可以是对莲花的描写，学习本文的感受，对生活态度的思考等。

（这个教学环节用 5 分钟，从课程的设计来看，能体现语文"工具性"与"人文性"的结合；从课堂来看能体现"以学生为主体，教师为主导"；在学习方式上，注重以学生的"自主、合作、探究"为主，辅以教师的点拨；从教法上看，能将传统的诵读法与现代的多媒体技术相结合；在问题的设计上，体现出梯度）

7. 课文总结

（1）归纳主题。（找出中心句）

（2）了解本文衬托的写法。

（3）本文中，作者除了写莲，还提到了什么花？几次提到？作用是什么？

8. 布置作业

（1）熟读并背诵课文。

（2）完成课后练习一、二、三、四。

（3）理解性默写。

①描写莲花高洁质朴的句子是：出淤泥而不染，濯清涟而不妖。

②全文的中心句是：花之君子者也。

③周敦颐《爱莲说》咏莲名句：予独爱莲之出淤泥而不染，濯清涟而不妖，中通外直，不蔓不枝，香远益清，亭亭净植，可远观而不可亵玩焉。

④公园花展，观赏牡丹的人总比观赏其他花的人多，用《爱莲说》中的话来说，就是：牡丹之爱，宜乎众矣。

⑤表现主人不受世俗羁绊，对世俗生活厌弃的句子是：莲之爱，同予者何人？

⑥描写莲美好形象的句子是：出淤泥而不染，濯清涟而不妖，中通外直，不蔓不枝，香远益清，亭亭净植。

⑦与"近朱者赤，近墨者黑"相对比，集中表现莲的高洁品质，现在人们常用来比喻某些人不与世俗同流合污而又洁身自好的句子是：出淤泥而不染，濯清涟而不妖。

⑧比喻君子美名远扬的语句是：香远益清。

⑨最能概括莲花高贵品质的句子是（主旨句）：莲，花之君子者也。

⑩写君子行为方正，通达事理，不攀附权贵的句子是：中通外直，不蔓不枝。

9.结束语

通过今天的学习，莲花出淤泥而不染，濯清涟而不妖的品质给我们留下了深刻的印象，做人就要做莲花一样的人，做一个君子。其实，关于莲花的知识还有很多，如莲花的历史、品种，莲叶的防水技能，与莲有关的诗词、歌曲、谜语，著名的赏荷胜地，莲与佛教的关系等，共同构成了丰富的莲文化。课后我们要多收集这方面的资料，再找时间进行交流。

同学们，周敦颐盛赞莲花为君子，当然有独到的见解和他所处时代的特点，但他表现出的对贪慕富贵的鄙弃，对高洁志行的推崇，至今仍对我们有积极的教育意义。我们应保持高尚的情操，做像莲一样正直的人。

三、案例分析

以上案例很好地落实了"先学后教"的原则。在整个课堂中充分体现了教师的主导性和学生的主体性，能够调动学生的积极主动性，这样更能增加学生的理解力和接受力。

1.导入新课简洁明快

"先学后教"的课堂导入要求三言两语，直入正题。通常有两种做法：一是开门见山，单刀直入，点明课题；二是以设问激趣的方式，在几十秒之内，快速引出课题。这样就省去了一些花架子式的铺垫、渲染，为课堂教学训练节省了时间。

2.揭示目标具体可操作

课堂目标设定紧扣内容，文字表达具体明确，如语文课"能正确地诵读课文""掌握生字词""正确划分段落""能够翻译并背诵课文"等。揭示方式有两种，一是投影揭示，二是小黑板呈现。低年级学生可以口述叮嘱。目的是让师生明确本节课将要学习什么内容，按照什么程序，达到什么目的。

3. 自学指导精要具体，科学恰当

怎样自学指导，要根据学习材料的不同情况而定。一般版块性强，纹路清晰，内容简单，能够一次性学完的那些内容作为一个自学指导单元，指导可以用设置问题、习题的方式进行。问题、习题的多少以引导学会为原则。在整个课堂教学过程中，自学指导只是一个开始，随后围绕自学指导中提出的问题、习题必然要进行"先学后教"。因此，自学指导很关键，问题、习题设计要精心思考，反复推敲，既要精确具体，又能覆盖和带动全部要学习的内容，使之不存遗漏。

4. "先学"是关键

"先学后教，当堂训练"课堂的根本价值在于让人看到了"学"这一认知行为在课堂教学活动中的具体表现形式，比如看书（有读课文、看例题、做标记、看注释等）、提问、发言、辩论、板演、检查、做实验、做习题等，都是"学"这个活动的具体内容，都需要学生在教师的指导下正确实施并独立完成相关任务。先学不是让学生盲目地看书，而是在自学指导下紧张有序的动脑动手的活动。这样的"学"意义重大。

5. "后教"很微妙

这一环节的内容主要是订正、讨论、归纳、总结。说它微妙是因为这些行为中"教"字难于体现。一般的认识是，"教"就是教师的活动，如讲、提问、解答、总结、强调等，而这里的"教"并非如此。从对象上说，有教师教，有学生教；从关系上说，有教师教学生，有学生教学生；从方式上说，有提问解答，有订正补充，还有讨论辩论、归纳总结等。这里教师的组织引导作用十分重要。当学生无法理解时，教师要点拨、化解难点；当有些认识需要统一时，教师要订正确认，明确要点；当学生各执一词、争论不休时，教师要引导学生认识问题，形成多角度思考并得出不同结论。

6. 当堂训练要见实效

这里的训练内容和方式因学科不同而不同。一般的训练都要围绕课堂目标进行。有两种形式，一种是课堂活动训练，一种是书面作业训练。活动训练如朗读、背诵、讨论、辩论、练习等，教师认真设计组织，务必人人参与，训练要有实效。

当堂训练有如下几个特点：①内容以与本节课有关的课本作业为主，适当予以拓宽加深；②作业题要呈现出先课内后课外的特点，从基本概念、基本知识训

练做起，低起点、密台阶、缓坡度，多层次、多类型，有必做题，也有选做题和思考题；③作业量要适当，要能够保证下课前完成，并且上交已经完成的作业；④学生做作业时教师要巡视课堂，但不宜发现问题就大声辅导，要保持课堂安静，确保学生集中精力做作业；⑤可以当堂对已经完成的作业进行批改，可以留意学困生的作业状况，收集问题，准备课外辅导；⑥时间不少于 15 分钟。

四、专业指导

"先学后教"是符合新课改理念的科学有效的课堂教学模式，也是一种课堂结构和教学方法。要在教学中更好地落实"先学后教"原则，对教师的基本素质提出了更高的要求。具体要做到以下几个方面。

1.备起点

所谓起点，就是新知识在原有知识基础上的生长点。起点要合适，才有利于促进知识迁移，学生才能学，才肯学。起点过低，学生没兴趣，不愿学；起点过高，学生又听不懂，不能学。

2.备重点

重点往往是新知识的起点和主体部分。备课时要突出重点。一节课内，首先要在时间上保证重点内容重点讲，要紧紧围绕重点，以它为中心，辅以知识讲练，引导、启发学生加强对重点内容的理解，做到心中有重点，讲中出重点，才能使整堂课有灵魂。

3.备难点

所谓难点，即大多数学生不易理解和掌握的知识点。难点和重点有时是一致的。备课时要根据教材内容的广度、深度和学生的基础来确定，一定要注重分析，认真研究，抓住关键，突破难点。例如，在几何部分的教学中，还要结合具体教学中的做法（如折纸、剪纸、实物演示等），采用直观教学，把抽象难懂的知识具体化，以减缓知识的坡度，慢慢培养学生的空间想象能力。

4.备交点

即新旧知识的连接点。知识本身系统性很强，章节、例题、习题中都有密切的联系，要真正搞懂新旧知识的交点，才能把知识融会贯通，沟通知识间的纵横联系，形成知识网络。教师通过例题的变式讲解，使学生在做题时也能做到举一反三，从而更有利于学生灵活地运用知识。

5.备疑点

即学生易混、易错的知识点。备课时要结合学生的基础及实际能力，找准疑点，充分准备。教学时有意识地设置悬念，多启发学生积极思考，质难质疑，引导学生分析判断，教师指导点到为止，让学生充分发挥能力，将疑点搞清楚。

主题 5　助力学生异步学习

一、含义解读

1.定义

异步教学是指以班级教学为背景，以个别教学为基础，以小组教学为依托，将班级教学、小组教学和个别教学有机结合，交替使用的一种教学形式。在这种教学制里，师生之比为一对多，采取多种形式开展一对一、面对面的个别指导活动，这就是把一对多的群体教学制与一对一的个别教学制结合起来的群体个别教学制。

美国从 1980 年起分别对在群体教学、个别教学、群体个别教学这三种条件下学习的学生进行研究。研究结果发现，个别教学条件下能达到的水平就是绝大多数都有潜力达到的学习水准；大规模实施一对一个别教学，向每个学生提供个别教学的机会是不可能的，但寻求一个与一对一个别教学制基本对等的新教学制则是可以办到的；群体个别教学制便是我们追求的新的教学制，也就是所谓的异步教学。

2.学习方式

异步教学中学生学习方式的主要内容有学生的六步学习法。即"自学—启发—复习（小结）—作业—改错—小结（总结）"。

（1）自学。

主要任务是要求学生通过自学，基本掌握一个单元的教学内容。首先，由教师向学生布置自学参考提纲，帮助学生提出问题、开通思路、理解课文。然后，学生开始自学，教师巡回了解学情并有重点地指导学生进行自学，与学生研讨学习问题。学生在自学过程中提出的问题，除了问教师外，还可与座位周围的同学小声议论。通过自学教学，学生可有目的地去学习新课。这样也便于教师明确指导的重点，解决多数学生存在的共性问题和少数学生存在的非共性问题。

（2）启发。

旨在为新旧知识在学生的头脑中建立有效的联系，寻求和提供恰当的解决问题的认识条件。实质是启发学生自己启发自己。教师可以向全班学生提出在自学过程中多数学生难以解决的一个或几个共性的问题。难度比较大的共性问题，可以在全班大多数学生做了充分准备的基础上，组织全班学生进行讨论。教师不能代替学生去解决问题，只能给学生提供寻找解决问题恰当的认识条件和方法。要真正解决问题，还必须依靠学生自己对有关认识条件进行独立思考和独立操作。

（3）复习。

复习阶段是学生在教师的指导下，运用科学的学习方法和思维方法，继续解决在新单元学习中尚未解决的问题，并在此基础上，对所学的新知识进行初步的系统化、概括化，加深和巩固对所学知识的理解和记忆，为将所学的新知识应用于实际，形成新的技能做准备的过程。教师布置复习参考提纲，学生按照教师布置的复习参考提纲进行复习。教师在指导学生复习的过程中，进一步检查和掌握学生的学习情况，如果发现相当一部分学生对某个问题还没真正理解，教师可及时地针对这个问题对全班学生进行指导。

（4）作业。

作业阶段是学生在教师的指导下，独立地将所学的新知识灵活运用于实际，使知识具体化，形成新的技能，进一步加深和巩固对新知识的理解，提高学生学习的自觉性和积极性的过程。为了适应不同程度学生的学习需要，异步教学提出了五种作业题：必做题、巩固题、深化题、提高题、过渡题。教师上课时可以先出示必做题，待三分之一左右的学生基本正确地做完了必做题时，教师可将选做题（巩固题、深化题、提高题）同时呈现给学生，让学生根据自己的情况任意选择。学生进行独立作业，教师巡回了解学情，并点面结合地进行作业指导。

（5）改错。

改错阶段是学生在教师的指导下，发现错误，认真分析作业错误的原因，改正作业错误，并掌握正确的作业方法的过程。学生的作业没有错误，也要分析总结能正确完成作业的原因，进一步提高作业的正确率。学生在教师的指导下，先进行自改。学生遇到困难，可请教同座位的同学，或请教别的同学，还可以请教教师。在全班学生都进行了认真自改的基础上，同学之间进行互改作业。同时，教师巡回有重点地指导学生互改，与学生研讨改错问题。对于特别重要的作业题，同学之间互改前后，可请一至两位学生对这一重要的作业题进行讲解。然后，由教师对该题做正确的分析和结论，提高全班学生分析问题和解决问题的能力。每个学生除了有一般的作业本外，还要有一本错误作业的重做本，教师要定期掌握学生作业改错的情况。教师也要对学生讲解作业的内容评分，作为考核学生成绩的依据之一。

（6）小结。

小结教学阶段是学生在教师指导下，运用科学的学习方法和思维方法，使所学的知识进一步系统化、概括化，使所学的技能进一步综合化、熟练化，获得比较完全的知识，并在此基础上，进一步提高自学能力，发展智力的过程。教师布置小结参考提纲，并进行小结指导谈话，指示小结方法；学生对教师的谈话内容做重点笔记；根据小结参考提纲进行独立小结。教师进行巡回指导，一边了解学情，一边与学生研讨小结问题。学生根据小结参考提纲，将课文中的有关重点内容摘录在小结笔记本上，以便思维加工、整理和概括。学生在小结过程中，如果遇到难点或需要加深理解的内容，要反复阅读和深思课文并认真查阅参考资料和工具书，如果经过独立思考问题还得不到解决，可与座位附近的同学小声讨论，或请教教师。

二、教学案例

直角三角形全等的判定

1. 准备阶段

我们在 BBS 栏中建立了"直角三角形全等的判定"的"阅读资源中心"教学模板。

讨论标题："直角三角形全等的判定"	回帖
学习目标	课前链接"直角三角形全等的判定"相关内容
知识要点	课前链接"直角三角形全等的判定"相关内容
教学课件	课前链接"直角三角形全等的判定"相关内容
典型题型	课前链接"直角三角形全等的判定"相关内容
相关练习	课前链接"直角三角形全等的判定"相关内容
交流：我懂得了什么？引出还不懂什么？	显示教学实际过程
讨论：我不懂什么？	显示教学实际过程
总结：我该懂什么？	显示教学实际过程
反馈：我学会了什么？	链接"直角三角形全等的判定"相关内容
创新：我想到了什么？	显示教学实际过程

师：请同学们预习"阅读资源中心"的内容，今天我们学习"直角三角形全等的判定"。

（生在网上 BBS 栏浏览"阅读资源中心"的相关内容）

2. 交流阶段

师：我们已经预习了"直角三角形的全等"，请同学们在 BBS 栏中说说预习了这一部分内容后，你懂得了什么？还有哪些问题不明白？

（以下是 BBS 栏中的一段对话）

生 A：我知道了关于一般三角形全等的判定方法，对直角三角形都适用。

生 B：为什么呢？

生 A：因为直角三角形是特殊的三角形。

生 C：请问，两条直角边对应相等的两个直角三角形全等吗？

生 B：全等。可用"S.A.S"来判定。

生 A：我们还可以用"A.S.A"或"A.A.S"来说明"有一个锐角和一条直角边对应相等的两个直角三角形全等"。

生 D：我还知道"如果两个直角三角形的斜边和一条直角边对应相等，那么这两个直角三角形全等（简记为 H.L）"。

生 E：在两个直角三角形中，当斜边和一条直角边对应相等时，是具有"边、边、角"对应相等的条件，而对于两个三角形，有"边、边、角"对应相等，是不能保证它们全等的。但为什么对于两个直角三角形就行呢？我还不太明白。

（这个问题已触及到本课的难点，生 D 没有解释清楚，其他同学也不十分明白，没有回帖）

师：好的，这个问题让我们看看网上阅读资源是如何解决的。

3. 讨论阶段

师：阅读资源是将生 E 的问题转化为题目来加以介绍的。（教师选择"网络资源中心"中的教学课件1）

如图 1（图略）在 Rt△ABC 和 Rt△$A'B'C'$ 中，$\angle C = \angle C' = 90°$，$AC = A'C'$，$AB = A'B'$，如何证明：Rt△$ABC$≌Rt△$A'B'C'$ 呢？

研究这个问题，我们可用拼图的方法来证明。

教师演示：将 Rt△ABC 与 Rt△$A'B'C'$ 像图 2（图略）一样拼合在一起。

师：B、C（C'）、B' 三点在一条直线上吗？

生 F：在一条直线上。

生 G：为什么？

生 F：因为 $\angle ACB = \angle A'C'B' = 90°$，从而 $\angle ACB + \angle A'C'B' = 180°$，所以 B、C（C'）、B' 三点在一条直线上。

师：F 同学说得很好。那么请问，△ABB' 是一个什么三角形呢？

生 H：因为 $AB = A'B'$，所以，$\triangle ABB'$ 是一个等腰三角形。

生 I：这样我们就可以得到 $\angle B = \angle B'$。从而由 AAS 公理可知 Rt$\triangle A'B'C' \cong$ Rt$\triangle ABC$。

师：非常好。请同学们再想一想，还可用什么方法来解决呢？

（学生讨论，重新阅读"网络资源中心"）

生 J：还可用画图的方法来验证。（生 J 打开"网络资源中心"课件 2）

画一个 Rt$\triangle ABC$，使 $\angle C = 90°$，直角边 AC 的长为 2cm，斜边 AB 的长为 3cm。

演示：画 Rt$\triangle ABC$ 的关键在于根据条件先后确定三个顶点的位置。因为已知 $\angle C = 90°$，所以画出一个 Rt$\angle MCN = 90°$就确定了点 C，又因为 AC 的长为 2cm，所以只要用刻度尺在射线 CN 上量得 $CA = 2$cm，点 A 的位置也可以确定。怎样确定点 B 呢？根据条件斜边 AB 的长为 3cm，把刻度尺的零点与点 A 重合，转动刻度尺，使"3cm"的标线刚好落在射线 CM 上，那么就可以确定点 B 的位置。在几何里，我们常常用工具——圆规来代替刻度尺，寻找点 B 更方便、更准确。

师：J 同学说得很好。下面请同学们在纸上画出这个直角三角形，并写出画法步骤。

生 K：（边画边表述）①画 $\angle MCN = 90°$；②在射线 CN 上取 $CA = 2$cm；③以点 A 为圆心，3cm 为半径画弧，交射线 CM 于点 B；④连接 AB（图 3）。则 Rt$\triangle ABC$ 就是所求的三角形。

师：K 同学做得很好。下面请同学们把自己所画的 Rt$\triangle$ 剪下，然后，两位同学比较一下，看看两人剪下的 Rt$\triangle$ 是否可以重合。

生：（都非常高兴地回答）能。

师：上面的实验和操作，说明"斜边和直角边对应相等的两个直角三角形全等"。这就是判定直角三角形的"斜边、直角边"公理（简称 H.L）。

师：下面我们来进行逆向讨论（教师打开"网络资源中心"典型例题）

已知 $\angle ACB = \angle BDA = 90°$，若要使 $\triangle ACB \cong \triangle BDA$，还需要什么条件？把它们分别写出来（有几种不同的方法就写几种）。

（说明：设计本例要求学生执果索因，缺什么，找什么，这既可帮助学生熟悉基本定理，又是一种逆向思维的训练）

学生分别用"S.A.S，A.S.A，A.A.S，S.S.S，H.L"这五种判定三角形全等的方法进行了讨论。

4. 总结阶段

师：通过这节课的学习你应该懂得了什么呢？

（我们在 BBS 栏中精选并保存了以下回帖）

生 F：我们应该知道判定两个直角三角形全等，除了用 S.A.S，A.S.A，A.A.S，S.S.S 外，还可以用 H.L 来判定。

生 G："H.L"只能用于判定直角三角形全等，不能用于判定一般三角形全等。

生 H：判定两个直角三角形全等的方法有五种：S.A.S、A.S.A、A.A.S、S.S.S、H.L。

5. 反馈阶段

（教师打开"网络资源中心"中的典型例题）

在△ABC 中，已知 $BD \perp AC$，$CE \perp AB$，$BD = CE$。说明 $\triangle EBC \cong \triangle DCB$ 的理由。

（学生叙述解题过程，教师板书解题步骤）

6. 创新阶段

（学生在"网络资源中心"推荐练习）

如图（图略），已知：四边形 ABCD 中，$AE \perp BD$，$CF \perp BD$，求：①说明 $\triangle ABE \cong \triangle CDF$ 的理由；②说明 $AE = CF$ 的理由。

（先让学生分组讨论解题思路，而后请一名学生上台来分析，最后学生自己独立完成解题步骤。教师进行讲评）

三、案例分析

上述案例就是一个典型的对现代化课堂实施"网络异步化教学"的课堂教学模式。分为六个阶段。

（1）准备阶段。

准备阶段是指资料的收集阶段，上课前教师和学生要共同完成利用网络资源收集上课信息的任务。将相关资源链接到校园网的资源模板上，以解决"群体备课"的问题，在此促使学生问题的产生，形成了"学生备课"中的问题系列。

（2）交流阶段。

本阶段是在课外资料的收集以及课前预习的基础上进行的"学生教师"的介绍，可在 BBS 栏中进行，让学生谈谈自己的"备课"，对本课内容的分析与掌握，以解决"我懂得了什么"的问题。

（3）讨论阶段。

本阶段是在交流的基础上对"学生教师"的不懂问题进行的解答和讨论，以解决"我不懂什么"的问题。

（4）总结阶段。

本阶段是在交流和讨论的基础上对本课重点内容的回顾，以解决"我该懂什么"的问题。

（5）反馈阶段。

本阶段是在总结的基础上进行的知识的运用，以解决"我学会了什么"的问题。

（6）提出新问题阶段。

本阶段是在反馈的基础上进行的创新联想，以解决"我发现了什么"的问题。

通过异步教学的培训和学习实践，师生就能懂得学生的学习方法、学习形式和主要学习规律；教师就能根据每个学生的具体学情因材施教、异步指导；学生就能克服学习的依赖性，在教师的指导下，根据自己的学习基础（知识基础、能力基础），积极主动地运用"六步学习法"和五种学习形式，解决自己所需要解决的学习问题，就能学懂知识，提高学习信心，不断提高自己的学习实践能力、独立思考能力、创新能力、合作能力、综合概括能力等，不断提高自己的学习成绩。

学生要实现自主学习，就得有充分的学习时间。在一节课中，除教师提出问题、指示方法和强化小结需要 5～8 分钟时间外，异步教学课堂的其他时间都是供学生根据自己的学习需要去支配的。

学生掌握了科学的学习方式，就会有效地利用时间去学习，就能在教师的指导下实现由被动地接受知识的灌输向主动地获取知识转变，就由"自在"的学习主人变成"自为"的学习主人，就会由"要我学"变为"我要学"，既能"会学"又能"学会"。

四、专业指导

异步课堂教学，是一个学生在教师的指导下，主动的、富有个性的学习过程，充分体现了新课程的教学过程。那么，在课堂教学中，如何更好地把握、落实"异步教学方式"？

第一段：提出问题。

教师可在提出问题之前、之后或过程中，创设有利于学生解决学习问题的教学环境。教师从学生现有的一般水平出发，依据课程学习的内容向学生提出（或呈现）本节课应解决的主要学习问题。

第二段：指示方法。

在教师指示方法时，学生可一边听一边记笔记。教师针对所提出的学习问题，结合所创设的解决学习问题的教学环境，向学生指示解决学习问题的思路、途径和方法，以帮助和促进学生解决学习问题。

第三段：学生学习。

学生运用独学和合作的学习形式，进行以独学为基础的自主"六步学习"。通过分析研究课文或观察研究客观事物，直接与课文或客观学习对象对话，运用工具书、参考资料和一切可利用的学习条件，逐个解决教师提出的学习问题。

第四段：明了学情。

重点是明了学困生的学情。在学生开始自主学习的同时，教师要迅速走下讲台，深入学生中间巡回查看学生的学习情况。此时，课堂上呈现出学生一边学习，教师一边明了学情的景象。

第五段：研讨学习。

这一段体现了教师异步指导的过程。教师在明了学情的过程中，应根据学生学习中出现的各种问题，区别不同的情况进行的指导。此时，课堂上有的学生在独学，有的学生在两两"对学"（两个学生在一起合作学习），有的学生在群学（三个以上学生在一起合作学习）；教师一边明了学情，一边针对不同的学情，对学生进行不同的指导。

第六段：强化小结。

经过上述五段教学，学生在教师的指导下，学习问题基本上得到解决。这时，师生要用少量的时间交流学习心得，共同肯定这节课的学习成果，让学生体验学习成功的感受。

异步教学的过程，就是教师用"五步指导法"，从学生的具体学情出发，指导学生进行"六步学习"的过程（包括学生完成当堂课的"作业—改错"任务）。其中学生学习、明了学情和研讨学习三段是交织在一起进行的，是课的主体，占了一节课的大部分时间和空间。

主题6 助力学生网络学习

一、含义解读

1.定义

所谓网络学习，就是指通过计算机网络进行的一种学习活动，它主要采用自主学习和协商学习的方式进行。相对传统学习活动而言，网络学习有以下三个特征：一是共享丰富的网络化学习资源；二是以个体的自主学习和协作学习为主要形式；三是突破了传统学习的时空限制。

网络学习是信息化社会学习者，尤其是成人学习者的一种重要的学习方式。探讨网络学习环境以及在这个环境中开展有效学习的策略和模式都非常必要。

2. 特性

（1）网络学习具有高度的空间灵活性和相对的时间灵活性。

空间灵活性体现在以网络为媒体的交流与学习者、教师所处的地理位置无关，而相对灵活的时间取决于小组学习约定的时间范围。教师和学习者可以在不同的地方，在约定的时间或时间范围内参与讨论。而面对面的交流，讨论必定是发生在确定的时间、确定的地点。

（2）网络学习具有文本的特性。

基于网络的讨论主要是基于文本的，缺乏身体语言，没有目光的接触、手势、模仿等非语言的交流信息，而这些特征却是面对面交流的重要组成部分。

（3）网络学习具有持久性。

持久性是网络交流的特征，学习者讨论的观点存在于数据库中，可以被随时提取，重复利用，并不断引发学习者的思考。而对于面对面交流来说，讨论是以即时性及不可复制为特征的。

（4）网络学习具有对技术的依赖性。

技术媒体是师生双向交互所必需的中介。通过技术媒体，远程教育才把时空分离的师生教与学的过程再度联系起来。不同的媒体在交互中的作用不同，根据交互的需要，选择不同的媒体实现异步交互或同步交互、文本的交互或是音视频的交互等等，这是和面对面直接交流不同的。

（5）网络学习具有对任务的依赖性。

能否很好地通过网络实现协作学习及对媒介在支持交互方面的要求，还取决于要协作完成的任务本身。对信息收集、共享资源等工作，计算机网络异步交互是非常理想的媒介，而对一些复杂的任务，特别是需要谈判或解决冲突，采取同步网络交互或面对面交流更有效。

（6）网络学习具有开放性。

通过网络支持平台可以方便地设置讨论区向学习者开放，可以允许只有浏览权限或允许参与讨论。

二、教学案例

苏教版数学三下《认识小数》网络化教学课堂实录与评析。

师：我们先看一道题。

在括号里填上适当的分数。

7 分米 = （　　　）米　　　　　9 分米 = （　　　）米

3 角 = （　　　）元　　　　　　2 角 = （　　　）元

（学生口答，教师选择其中 1~2 题，请学生说说口答时是怎样想的）

师（出示"铅笔"）：一支铅笔多少钱？（根据学生的发言板书：6 角）

师：还记得课前观察过的标价牌吗？6 角，标价牌上怎么写？你能写出来吗？

（学生板书：0.6 元；教师板书：6 角 =0.6 元）

师（指着 0.6）：会读吗？这样的数叫……（结合学生的回答，板书课题：小数）

师：小数中间的小圆点叫……（学生齐答：小数点）小数点写在数字的右下角。

师（边说边板书：4 角）：老师买这支铅笔，买的是优惠价，只用了 4 角钱。4 角，是多少元呢？你能写出来吗？

（指定学生发言，并让其板书：4 角 =0.4 元）

师：估计一下，这支铅笔长几分米？

（学生回答后，教师板书：2 分米）

师：2 分米，用分数表示，是多少米？2 分米还可以写成 0.2 米。

（完成板书：2 分米 =0.2 米）

（接着，教师指着"6 角""4 角"分别提问，黑板上形成如下板书：

6 角 =0.6 元　　　4 角 =0.4 元　　　2 分米 =0.2 米）

师：观察这三个等式的分数和小数，比一比，你发现了什么？

生：分数的分母都是 10。

师：你观察得真仔细，这些分数都是十分之几。

生：我还发现这些小数都是零点几。

师：是的！那横着看呢？

生：分数的分子是几，小数点的后边也是几。

师：大家同意他们的发现吗？我也同意！

生：这里的分数都是十分之几，小数都是零点几，十分之几就是零点几。

师：说得真好！能再说一遍吗？

（学生说完，教师小结：零点几也就是十分之几）

师：请大家完成教科书中第 100 页"想想做做"第 1 题。

师：请看，如果这张纸条长 1 米，它被平均分成了……

生：10 份。

师：其中的 1 份是……

生：1 分米。

师：写成分数是……

生：1/10 米。

师：还可以写成……

生：0.1 米。

师：那其余的括号会填吗？请大家填写。

（教师视频展示一位同学的答案）

师：一起读一读，对他的答案你有不同意见吗？通过这个练习，我们同样可以发现什么？

生：十分之几就是零点几。

师：零点几就是十分之几。请大家继续完成"想想做做"第 3 题。

师：看这 3 道题，都是把一个正方形平均分成了 10 份，那你能看图先写出分数再写出小数吗？

（学生写，教师巡视，然后由学生汇报）

生：0.3。

师：说说你是怎样想的？

（学生回答后，再汇报第 2 题、第 3 题是怎样填写的）

（教师再次出示上课伊始出示的复习题）

在括号里填上适当的分数。

7 分米 = （　　　）米　　　　　9 分米 = （　　　）米

3 角 = （　　　）元　　　　　　2 角 = （　　　）元

师：我将这道题的要求改为"在括号里填上适当的小数"，你会填写吗？自己轻轻地说一说。

（生自由说之后，教师再请第 3 小组的学生开始汇报）

师：请同学们看着老师，估计一下我有多高？

生：175 厘米。

生：170 厘米左右。

师：有个词用得好！

生：左右，就是大约的意思。

师（板书：1 米 7 分米）：对，老师身高比 170 厘米多一些，如果取近似值，大约是 170 厘米，也就是 1 米 7 分米。是多少米呢？

生：1.7 米。

教师板书：1.7米。

师：你怎么想的呢？

（没有学生举手回答）

师：给点小小的提示！（教师用红粉笔将"1.7米"和"1米7分米"中两个"7"由白色描成红色。）

生：7分米就是0.7米。

师：真好！

（教师再用绿粉笔将"1.7米"和"1米7分米"中两个"1"由白色描成绿色）

生：我知道了，1米和0.7米加起来就是1.7米。

师：谁再说一说，1米7分米＝1.7米，怎样想？

（学生回答后，教师出示"钢笔"）

师（板书：6元8角）：这是我的钢笔，价格是6元8角，是多少元？

生：6.8元。

师：你是怎么想的？

生：8角就是0.8元，6元和0.8元合起来就是6.8元。

师：说得真棒！这里还有些商品，你能用小数来表示它们的价格吗？请大家填写教科书第101页第2题。

（学生填写后汇报）

师：这些不满1元的钱数，我们可以写成零点几元；像这些超过1元的钱数，我们可以写成几点几元。我们再来看"想想做做"第4题。

学生读、说之后，师：在日常生活中，你还见过哪些小数？

生（手拿一支自动铅笔）：自动铅笔的铅有0.5毫米和0.7毫米的。我的这支自动铅笔的芯是0.5毫米的。

师：是的，铅笔芯的规格是用小数来表示的，0.7毫米的铅笔芯比0.5毫米的粗一些。

生：我在超市里，看到商品的标价都是用小数表示的。

生：（手拿数学书，并指着封底）数学书的价格也是用小数表示的。

生：歌手比赛时，评委打分一般都是九点几分。

生：上一次数学考试，我得了97.5分。

师：大家说得真好，看来平时都能注意观察生活。今天要学的内容还有一部分在教科书第100页最后一节，自己读一读，把你认为重要的地方划出来。

（学生阅读后交流，知道了什么？结合学生的交流，教师板书：自然数、整数。学生交流"小数点、整数部分、小数部分"时，教师组织学生看黑板上的小数）

师：看黑板上的小数，请指出它们的整数部分和小数部分。

生：0.5 中间的点是小数点，左边的 0 是整数部分，右边的 5 是小数部分。1.6 的整数部分是 1，小数部分是 6。

师：这节课，同学们积极动脑，表现得很棒！我们合作得也很愉快。最后我们共同来研究这样一道题，好吗？

（出示"想想做做"第 5 题）

师（指着 0.1 的箭头所指处）：这儿为什么填 0.1？

生：把 0 到 1 平均分成了 10 份，一份就是 0.1。

师：那从 0 往右数两格是……

生：0.2。

师（指着 1.2 的箭头所指处）：看这里为什么填 1.2 呢？

生：1 往后数两格就是 1.2。

（师做出手势，表示"合并"的意思）

生：也就是 1 和 0.2 合起来是 1.2。

（再出示：0，1，2，3，4，5）

师：我说一个数，你能用点在图上表示出它大致的位置吗？

（教师报数：0.5，2.1，3.9，4.7。学生点点，并说出理由）

师：这节课，我们一起认识了一个新的朋友——小数，通过学习你知道了什么？

生：小数少不了小数点。

生：十分之几的分数可以写成小数形式。

生：小数有零点几，还有几点几。

师：它们的大小与 1 相比，怎么样？

生：零点几小于 1，几点几大于 1。

师：通过这节课的学习，大家有什么问题吗？

（结合学生的质疑，讲述"小数的历史"）

三、案例分析

本案例是一个典型的网络化教学课堂实录，同其他方式相比，利用网络学习有许多优点：信息量大、交互性强、知识更新快。利用网络教学有助于构建新型的教学模式，真正对教育教学起到全方位的变革作用。学生在网络背景下的这种自主性和探究性学习使他们的学习具有了传统学习无可比拟的优点。

1. 有利于发挥学生学习的主观能动性

布鲁纳说过："学习是一个主动的过程，使学生对学习产生兴趣的最好途径是使学习者主动地卷入学习并从中体会到自己有能力来应付外部世界。"作为教育者，我们不应该只懂得使学生"学会"，更应该使学生"会学"。网络资源的丰富和便利正好给教师实施教学和学生的积极主动学习提供了最佳的载体，这种环境下的学习可以让学生自己动脑筋去发现问题、思考问题、解决问题，使教师最终实现素质教育的目的，使学生最终能提高自主学习的能力，充分体现学生的主体性和独立性，实现真正意义上的学生作为认知主体的作用。

2.有利于提高学生的交际能力

在教学过程中我们应当创造一个合作交流的环境，而网络不受地域限制的特点让创造这样的机会成为可能。只要指导学生利用好网络，通过各种各样的方式进行交流，让学生充分发挥自己的主动性，学生的交际能力就会得到提高。

3.有利于培养学生终身学习的愿望

让学生学会自学，是适应现代化教学方式的需要，是现代社会的需要。网络提供的信息千变万化，丰富多彩，指导学生利用好网络，进入网络无穷的世界，去了解国家的文化，学生会因此有要了解和学习的欲望，提高他们学习的兴趣。无论在人生的任何阶段，只要有了浓厚的兴趣，学生的学习都会是自觉主动的，从而达到培养学生终身学习的愿望和目的。

四、专业指导

网络的普及和应用将使信息技术深入到社会生活的每一个方面，并和每个人的工作、生活紧密相连。那么，如何更有效地利用网络进行学习呢？在网络教学的实践过程中，我们应该注意哪些问题？

1.首先要确保学生学会上网搜索的技能

让学生全面地接触网络，自主学习，涉猎各种有益的知识。让学生利用常用的搜索引擎，查询相关信息，指导学生在网络上选定有益的网页比较并总结出对自己学习有帮助和有意义的网站或网页，指导学生把自己的成果以文字的形式记录下来，装订成册，在班上交流共享。

2.明确目标

有许多同学到网上学习，起初是想查某个信息，查找过程中看到一些有趣的新闻或自认为有用的信息，就沿着链接一路点下去，忙了半天，浏览的结果和初衷早已相去甚远。网络学习，不应是随便看一看，应该是有目的而来，有的放矢地去看。

3.不偏离学习的方向

对意志力还不够坚定的中学生来说，网络学习确实是一个极大的挑战。据调查，许多同学都曾有过这样的经历：本想查资料学习，却忍不住聊聊天，玩玩游戏，不知不觉大把的时间就从我们眼前溜走了。结果娱乐成了主题，学习成了点缀，甚至后来还变成了自己心安理得上网的幌子。网络是把"双刃剑"，所以，如果你想在网络学习中获益，那你一定要抵制住诱惑，不偏离学习的方向。

4.制订合理的学习计划

要想更好地运用网络这个资源进行学习，必须要制订一个合理的学习计划，比如说今天要上网，想看的内容是什么，要解答的问题是什么，复习哪几课内容，如果能够事先做一个非常合理的安排，相信网络资源对学生来讲是非常有益的。

主题 7 助力学生探究性学习

一、含义解读

探究性学习，即 Inquiry Based Science Education（探究式科学教育），是新课程倡导的一种学习方式，运用探究性学习方法能让学生从探究中主动获取知识、应用知识、解决问题。但并不是所有的问题都适合探究性学习模式，我们应该根据学生的认知基础选择是否用探究性学习方法，达到真正意义上的探究。

探究性学习是一种学生学习方式的根本改变，学生由过去主要听从教师讲授，从学科的概念、规律开始学习的方式变为学生通过各种事实来发现概念和规律的方式。这种学习方式的中心是针对问题的探究活动，当学生面临各种让他们困惑的问题时，就要做出各种猜测，要想法寻找问题的答案，在解决问题的时候，要对问题进行推理、分析，找出解决问题的方向。然后，通过观察、实验来收集事实，也可以通过其他方式（如查阅文献资料、检索等）得到第二手资料，通过对获得的资料进行归纳、比较、统计分析，形成对问题的解释。最后，通过讨论和交流，进一步澄清事实、发现新的问题，对问题进行更深入的研究。

二、教学案例

《戏曲大舞台》探究性学习案例

1. 教师导入

（欣赏唱腔，激发兴趣）

师：同学们，今天，我们一起来学习第四单元的综合性学习活动课——《戏曲大舞台》。

世界上有三大古代戏剧：那就是古希腊的悲喜剧、印度的梵剧，还有一个就是我们中国的戏曲了！前一段时间，大家已经了解了一些与戏曲有关的资料，并办了一份手抄报——《戏曲大舞台》；不过，大家的资料大都是一些文字材料。俗话说，要想知道梨子的滋味，最好还是亲口尝一尝，那咱们今天就先欣赏几句唱腔，咂摸一下戏曲的滋味儿吧！

（教师演示，欣赏几个戏曲片段）

师：怎么样？大家品出点儿味儿了吧？谁能说一下自己的感受？

（学生举手，教师指名回答）

生1：我感觉到戏曲的唱腔挺优美的，比如说《女驸马》的唱段，婉转柔和，悦耳动听。

生2：我觉得这几个片段似乎不是同一种戏曲，因为它们的伴奏音乐听起来味儿好像不一样。

生3：我以前不爱看戏，刚才的几个片段倒是都很有意思，尤其是《七品芝麻官》的片段。

生4：我发现唱戏的服装和脸上化的妆都跟生活中大不一样。

师：大家的感觉挺真切的。刚才大家谈的这些涉及了戏曲的唱腔、剧种、服装、道具等有关知识，那么要想把这些方面了解得更全面、更具体，大家可以访问一个奇妙的小网站——《戏曲大舞台》。它会告诉你许多有趣的知识。

2. 教师简单叙述访问课件的方法

访问路径：网上邻居/stu61/D：/wmx/戏曲大舞台。

3. 浏览课件的要求

教师边解说边操作演示：

（1）大家的浏览范围是网页上的前五个部分。

（2）注意把握各个网页的主要内容，并有选择地做记录。

（3）注意合理安排时间（25分钟）。

（4）看完后和同学交流自己的收获，并做发言准备。

4.学生浏览网页课件

网页内容（教师巡回指导）：

（1）戏曲知多少。

（2）行当剧种。

（3）话说脸谱。

（4）唱段欣赏。

（5）听听唱唱。

（6）辩一辩，写一写。

5.交流学习收获

师：通过刚才的浏览，同学们有什么收获？谁能给大家谈一下？（指名回答）

生5：通过刚才的浏览，我明白了原来戏曲也有京剧、豫剧、越剧等不同的类型，以前我还以为只要是唱戏的，都是一种戏曲。

生6：我明白了唱戏人脸上的各种油彩原来也有一定的象征意义，代表了各种不同的性格。

生7：我通过看课件了解了戏曲里的人物也有不同的行当：生、旦、净、末、丑，各具特色。

生8：我了解到了一些关于戏曲的起源和发展的知识，知道了京剧是我们国家的国粹，还知道了京剧是在清朝的时候才形成的。

师：很好，看来同学们通过浏览这个网页课件，各有所得。那么，现在请大家关注这个课件的第六部分——"辩一辩，写一写"。我们来看"辩一辩"这个部分。

随着社会生活的发展，电影、电视和影碟机的普及，流行文化对中国传统戏曲艺术形成极大的冲击，你认为中国传统戏曲：

A.是去？（反方）　　　B.是留？（正方）

坚持不同观点的同学可以各自结合成小组，形成正、反双方，准备展开辩论。

（学生讨论、交流、辩论，教师恰当调整学生的位置，形成了辩论的正方、反方）

6.正方、反方辩论

师：现在我谈一下辩论的要求。

第一，主要辩手先展开对自己观点的陈述，其他支持者可以帮着阐述观点，反驳对方；第二，对方辩手说完，才可以站起来反驳；第三，友谊第一，既要据理力争，又要礼貌得体。现在请正方代表张雪同学发言，反方的主辩手赵超同学做准备。

正方1：我认为中国戏曲不该"去"，而应该"留"。因为中国戏曲是我国优秀的传统文化艺术，充满鲜明的民族特色，是不应该抛弃的。

反方1：我们不同意正方的观点，中国戏曲太古老了，都快老掉牙了，跟我们当今时代太不协调，早该退出历史舞台了。

正方2：什么叫老掉牙！古老的东西，就该丢弃吗？这是历史，忘记历史就意味着背叛！

反方2：既然是历史，就该是过去的了，我们现在是生活在现实中，不是生活在历史中。

正方3：现实？现实是历史的延续！刚才我们看网页的时候不也看到了吗？戏曲经历过长期的发展才形成了现在的形式，让很多人喜闻乐见，刚才大家欣赏的唱段，不是都很精彩吗？

反方3：这些唱段是很精彩，可是当今流行文化的快节奏不是更让人振奋吗？现在是快节奏的时代，什么都讲究速度和效率；你再看那唱戏的，依——依——呀——呀，扭一扭，再转一转，看着都让人着急，照这样的速度，我们什么时候才能够赶得上发达国家呢？

正方4：现代生活是节奏加快了，不过我国的戏曲也已经注意到这点了，就像刚才大家看到的《智斗》《朝阳沟》，情节明显加快了，不都是挺好懂的吗？

反方4：戏曲表演太麻烦了，长袍短褂，还得往脸上勾勾画画，多耽误工夫！

正方1：那现在人们拍电影、电视的时候，你以为就不麻烦吗？也要涂抹、粘贴，十遍八遍地拍，不都是为了更精彩，更有艺术感染力吗？

反方1：你看现在的年轻人，有几个人喜欢看戏？

正方1：刚才大家看网页课件的时候，我发现很多同学都兴高采烈的，大家难道不是年轻人吗？

反方1：那可能是这些戏曲片段是老师挑选的，内容当然很精彩！

正方1：再看我们的生活中，河南电视台的《梨园春》节目，现在几乎家喻户晓；现在每天晚上，在不少的街心花园，我们都可以听到吹拉弹唱的戏曲唱腔，生活中的戏曲还少吗？

反方1：那些都是爱好戏曲的人，咱们大家有几个会唱戏的？

正方1：多得很呢！有很多同学都会，不信我就给你唱一段："刘大哥讲话，理太偏……"

师：（用手势示意学生暂停）好！他们辩得真够激烈的！各位请坐下，大家用掌声感谢他们的精彩辩论！

师：辩论，最能集中体现人们的思想认识水平和语言表达水平。在辩论过程中，我们可以看到思想的交锋，观点的碰撞。理不辩不明，理越辩越明！其实，我们从他们的辩论中可以感觉到：中国传统戏曲艺术和现代流行文化并不是完全对立的。戏曲在改革创新，贴近时代；流行文化也在吸收传统文化的营养，像刘欢演唱的京味歌曲不就是很好的例子吗？也就是说，我们对传统文化要处理好继承和创新的关系。

7.关注"写一写"

师：下面，我们再来看"写一写"的要求。刚才大家看戏、听戏又学唱戏，通过参与本单元的语文活动，你有什么有趣的感受和经历，请你自拟题目，把它们写下来。

8.结束语

师：最后让我们一起来唱一首《说唱脸谱》，大家一起来感受传统艺术和现代艺术的融合效果！

（学生齐唱）

这节课就到这里，下课！

三、案例分析

这节课很好地体现了自主、合作、探究的课改理念，也体现出综合性学习、探究性学习的方向，使信息技术辅助"教"向辅助"学"渗透，引导学生进行"学习的革命"，是一次探究性学习的成功尝试。以下做法值得借鉴。

1.展示探究过程，掌握探究方法

力求展示探究过程，潜移默化地引导学生掌握探究的基本方法，结合相关教育内容，强调知识发生的过程，及时剖析探究的规范过程，挖掘其中的探究要素，潜移默化地引导学生开展探究活动，使学生在探究过程中掌握探究的基本方法。

2.创设探究情境，让学生参与探究过程

创设探究的情境，让学生发现并提出问题。探究以问题为导向，问题的提出源于仔细地观察，学生可以是课外随意的观察，也可以是对教师提供的背景材料的观察。教师提供的背景材料常常具有指向性和探究的可能性，如果能激起学生的认知心理冲突，更能诱发学生发现问题并提出问题，激发其求知欲，增强学习动机。

精心设计教学程序，让学生全体参与到探究过程中来。学生作为探究过程的

主体，其主体性贯穿于发现并提出问题、提出假说并预期结果、实验证实或证伪、解读数据并交流成果的探究全过程；体现在主动参与概念的形成、原理的建立、问题的解决和知识结构的构建等知识发生的全过程。探究的主过程要明确体现科学方法这一主线。

3.精心构思，提升思维品质

探究式学习过程中的思维品质极为重要。引导探究过程时，应针对探究的每一个过程，对思维品质的不同层面进行针对性培养。

抓住"发现问题"环节，突出思维的敏锐性。探究从问题开始。发现问题的能力与个人知识积淀有关，更取决于思维的敏锐性。为提高学生思维的敏锐性，除创设引入探究时的问题情境外，还可以利用探究过程中出现的意外现象进行原因分析和反复实验查证，或利用课文中涉及的内容，不失时机地补充一些课外知识。

四、专业指导

探究性学习指学生通过类似科学探究活动的方式获取科学知识，并在这个过程中，学会科学的方法和技能以及科学的思维方式，形成科学观点和科学精神。那么，在教学过程中，如何更好地开展探究性学习呢？这就需要遵循以下原则。

1.自主性原则

探究性学习在教学过程中把学生作为活动的主体，立足于学生的学，以学生的主体活动为中心来展开教学过程。学生在积极主动的参与教学活动过程中以自己的经验和知识为基础，经过积极地探索和发现、亲身体验与实践，以自己的方式将知识纳入到自己的认知结构中，并尝试用学过的知识解决新问题。教师在这个过程中只是一个组织者、指导者和参与者。探究性学习方式有利于学生主体意识和主体能力的形成和发展，有利于塑造学生独立的人格品质，有利于培养学生的自主性。

2.实践性原则

探究性学习是以学生的主体实践活动为主线展开教学过程的。学生借助一定的手段，运用多种感官，通过自己的主体活动，在做中学，使得学生的实践活动贯穿于学习活动的始终。探究性学习特别强调学生的感知、操作和语言等外部的实践活动，强调学生的直接经验和间接经验的交融、统一，使认知活动建立在实践活动的基础之上，用学习主体的实践活动促进学习者的发展。

3.过程性原则

探究性学习追求学习过程和学习结果的和谐统一，接受学习重视学习的结果，探究性学习更加关注学习的过程。探究性学习非常注重学习过程中潜在的教育因素，它强调尽可能让学生经历一个完整的知识发现、形成、应用和发展的过程。让学生尽可能地像科学家那样，发现问题、解决问题，经历一个完整的科学研究过程，体验发现知识、再创知识的创新过程。

4. 开放性原则

探究性学习的目标是很灵活的，没有像知识目标那样明确具体的要求和水平。探究性学习在内容上是开放的，在探究结果的要求上也是开放的。探究性学习打破了传统教学在统一规定下的教学模式，为学生提供了大胆创新、实现自我超越的学习环境。学生在探究性学习的过程中，能够大胆地怀疑，提出问题，探讨解决问题的方案，对不同的结果进行分析，培养创新意识和创造能力。

主题 8　助力差异化教学

一、含义解读

差异化教学是教育体系中，根据兴趣导向以及天赋差别的不同，所组织的人才培养教学活动。通过这种活动，教师有目的、有计划、有组织地引导学生积极自觉地学习，促进学生的特殊才能迅速提高，使他们成为社会所需要的专业人才。

差异化教学也就是要做到"因材施教"。因材施教出自孔子《论语·雍也》："圣人之道，粗精虽无二致，但其施教，则必因其材而笃焉。"它是在春秋末期孔子兴办私学、教授诸生的实践中创立的，距今已有 2500 多年的历史，"因材施教"虽不是孔子的原话，却是对孔子教学实践中一条基本原则的准确概括。在育人和教学中，家长和教师都要因材施教，孩子才能正常成长。其实施策略包括以下几个方面。

1. 前置性学习

前置性学习指教师在讲授新知前，学生根据自己的认知水平先进行尝试性学习。

学生前置性学习，有利于教师准确地把握学生基础知识水平，从而采取有针对性的教学方法，实现差异化教学，提高课堂教学效率。

2.分层次任务

在课堂教学中，教师要注重设计和组织安排学生的分层次任务，让不同基础的学生都能够参与到符合自己知识水平的活动中，从而获得最大化的发展。分层次任务可根据学习需要灵活设计，有时教师可采取后进生唱主角、优等生跟进的方式。但是，不论是哪种方式，都是为了达到让每个学生得到最大化发展的目的，这也是实施差异化教学的出发点和归宿。

3.差异化作业

差异化作业就是指在教学中，针对不同知识水平的学生设计有难度差异的作业，使每个学生都能得到最大限度的发展。在差异化作业的设计上，一般遵循"分层设计与自主选择"的原则，因人而异，灵活选择。

二、教学案例

【案例1】

教学"圆的周长和面积"一课时，我在课前对班内学生的数学学习情况进行了摸底研究，发现有的学生对长方形和其内切圆之间的关系不太清楚，看不出长方形的宽就是圆的直径，找不出长方形的长和宽与圆的直径和半径之间的对应关系；有的学生对于长方形的面积和周长知识掌握不足；有的学生对周长的概念理解不透彻。

为此，我决定这节课从最基础的周长复习，重点提问对周长知识掌握不透彻的学生，以引起其重视。之后，将圆的周长和长方形的周长进行对比，使学生洞悉知识之间的内在关联，也使学生意识到如何让习得的知识融会贯通并加以运用。从本节课的最终教学效果来看，多数学生能够在我的引导下完成全部练习，因而可以说这样的教学过程使大多数学生达到了智力的自我发展。

【案例2】

在教学人教版小学数学"比例的意义和基本性质"时，教师为学生展示了一道习题，要求学生至少完成一步。

①计算下面比例中两个外项的积和两个内项的积，比较一下，你能发现什么？2.4:1.6＝60:40；②你能举一个例子，验证你的发现吗？③你能得出什么结

论？④你能用字母来表示这个性质吗？

　　学生可以根据自己的学习情况来选择完成的步骤，一方面有利于学困生完成学习任务和实现自我提高，一方面又能使中等生和学优生有可以提高的空间。

三、案例分析

　　案例1中，教师在充分了解学生的个性与学情的基础上，为确保真正做到差异化教学，小学数学教师必须对其所担任的班级学生情况与日常学习表现进行摸底调查，以便了解学生的共性表现与个体差异。具体需要数学教师掌握和了解的情况包括学生以往在数学知识学习过程中的学习表现、学生对待数学学科的看法与态度、学生近一个学期以来数学成绩的变化情况、学生对数学知识点的掌握情况、学生数学作业的完成情况、学生在以往数学课上的听讲表现等。在掌握了上述情况的基础上，数学教师必须对此加以分析，以便找出问题的原因所在。这样做的原因在于，学生的智力状况并非是决定其数学学习的唯一影响因素，摸底调查中的其他因素均会对学生的数学学习状况产生直接的影响。教师如若不了解和掌握原因所在，即便其宣称已经做到了因材施教，实则也是徒具形式的。

　　案例2中的教师在学生中进行了隐性与显性分层。在实践中，为了实现对学生个体差异的照顾，多数数学教师会选择分层教学模式。在这种模式下，学生会被按照数学成绩的不同，分配到不同的学习小组或不同的班级之中，再由任课教师根据小组的整体学情或班级的整体学情进行授课。然而这种显性的分层方式无疑会给数学成绩不佳的学生贴上"差生"的标签，进而加重其心理负担，甚至可能与教学目标背道而驰。

　　因此，小学数学教师应当改变这一做法，选择隐性分层模式。在此种模式下，教师不对学生进行分组或分班安排，而是根据学生的数学知识掌握程度进行分档，并在教学中有意识地进行分层教学。如此，学生的尊严得到照顾，其自信心不会受到影响，从而能够在教师"暗中施加"的隐性分层教学活动中取得进步。

　　隐性分层与显性分层也有着一定的相似性，例如都需要对学习目标、作业等进行分层，不同之处在于隐性分层是由学生自由选择学习目标和练习目标，这有利于维护学生的自尊心，同时也有利于学生对自己有一个比较准确的认知。

　　在上课开始，教师采用口述、板书或投影等形式呈现层次性的教学目标，让学生选择本节课的学习目标，目标可按照自己的实际而定，但要注意每个人的选择应是动态的。

　　例如，把日常课堂练习目标分为三个层次，每个层次设计列出如下内容要点，供不同层次的学生选择。C层：巩固练习；B层：提高练习；A层：拓展练习。教师并不指定哪位同学完成哪项目标，而是让学生根据自己当前的学习情况来自主选择和完成。

四、专业指导

差异化教学是指教师要从学生的实际情况、个别差异出发，有的放矢地进行有差别地教学，使每个学生都能扬长避短，获得最佳发展。那么，如何在教学中更好地尊重学生差异，做到因材施教呢？

1. 分析学情，掌握个体差异

做好差异化教学要先依据学生学习的基础、能力、习惯和成绩等因素，按照三个层次来进行划分。一是优秀生，即学习能力、学习习惯和学习效果等各个方面表现突出的学生，他们对课程的学习兴趣高、主动性强，具有强烈的学习欲望，成绩优异，状态稳定；二是中等生，即基础知识比较扎实，能够掌握常规的解题思路和方法的学生，他们对课程重视而成绩不佳、认真却无改变良策，缺乏"一题多解"和"举一反三"的能力，学习效果一般；三是学困生，即基础知识薄弱、接受能力和学习成绩较差的学生，他们对课程的学习缺乏信心，不感兴趣，甚至产生畏惧心理，成绩落后。合理分层利于在课堂上对不同层次的学生提出不同的要求。

2. 巧用预习单，做到因材施教

课前预习可以为课堂学习扫除障碍，可以提高听讲的目的性和积极性，可以克服课堂笔记的盲目性，最重要的是，可以培养学生的自学能力。设计预习单一定要遵循以下原则。

（1）目标明确。

在预习单的开头要出示学习目标，目标的设计要抓住要点，简洁明了，便于操作，以便让学生一目了然，且面面俱到。

（2）内容简化、贴近教材。

不要求学生把所有的内容都进行预习，例如"函数"这一节，学生简单理解函数的概念，以学生现有的水平并不能达到可以直接做题的水平。

（3）便于操作，利于启发。

设计预习单不能变成练习设计，也不能照搬教案，要有导向性和启发性。在设计预习单时一般用一连串的小问题将知识点有机地串接起来，便于学生操作，从而起到较好的导读、导思、导疑的作用。

（4）难易适中，层次分明。

设计的问题学生通过自学探究基本上都能解决，对于那些抽象的难以理解的部分可以不做安排，留到课上去专题突破。如果难度过大，学生会信心不足。

（5）不拘于形式。

预习单设计时不要拘于形式，并不是说非要印个单子就是预习单，小黑板上出示一些预习提示也是预习单，课本上有些富有启发性的提问、操作、指引也可以看作是现成的预习材料。

3.根据学生差异，把握课堂进度

在浏览了学生的预习单完成情况后，根据预习单的反馈，有重点地进行课堂教学。同时关注到个体差异，因材施教。在讲解课堂新知后，在习题巩固环节，可提前准备好同类练习题、变式题以及提高题。对于掌握情况不佳的同学，可做同类题再巩固，而已经完全掌握的同学可做提高题。分层教学，保证每一个层次的学生都能在课堂上有最大的收获。

4.尊重学生差异，分层次布置作业

在布置作业时，可以采取差异化的方法进行安排：优秀生需要完成 B 类和 C 类题，这样可以夯实基础知识、提高探究能力、拓展学习思维、提升学习兴趣，实现向更高层次发展的目标；中等生需要完成 A 类和 B 类题，选做 C 类题，这样给学生充分的选择余地，尊重学生的学习自主性，激发学生学习的兴趣和潜能，调动学生的学习积极性，获得攻克拓展题后的自信心和成功感；学困生需要完成 A 类题，选做 B 类题，这样可以通过减轻课业负担，缓解学困生的学习困难状况，培养其学习兴趣，激发求知欲望。通过差异化的作业布置形式，满足了不同学生的需求，形成竞争意识，体验到成功的喜悦。

后　记

在编写本书的过程中，编者借鉴和参考了国内外一些知名专家的著作和研究成果，引用了一些教师的案例和博客文章，在此向所有专家、教师致以衷心的感谢！受沟通渠道所限，我们未能与所有作者都取得联系，敬请相关作者与我们联系，我们的电子邮箱为：taolishuxi@126.com。

编　者